MYLF

Die Krise schreibt man nicht mit langem »i«,
auch wenn sie riesengroß ist

# Die Krise schreibt man nicht mit langem »i«, auch wenn sie riesengroß ist

Poetry Slam, Slam-Team und Backstage
mit Mieze Medusa und Yasmin Hafedh
aka. MYLF

Erste Auflage 2023



Lektora GmbH
Schildern 17–19
33098 Paderborn
Tel.: 05251 6886809
Fax: 05251 6886815
www.lektora.de

Druck: OSDW Azymut, Lódź
Covermotiv: Tobias Heyel
Covermontage: Yeliz Çetin (@cayundspaetzle)
Lektorat & Layout Inhalt: Lektora GmbH, Denise Bretz
Printed in Poland

ISBN: 978-3-95461-247-5

# Inhalt

# Flawless

Das spricht Yasmin Hafedh
*Das spricht Mieze Medusa*
**Das sprechen beide**

Es wurde Abend
Es wurde Morgen
**Und wir sahen, dass es gut war**
*Wir öffneten die Augen am dritten Tag der Party*
Auf geht's, ab geht's, drei Tage wach
Wir haben den Wecker dreimal verleugnet
*Stellen drei Liter Kaffee auf*
Stehen drei Stunden unter der Dusche und danach
**Schauen wir in den Spiegel** und die Medusa versteinert wie der Gesichtsausdruck von Vin Diesel

**I woke up like this?!**
**Die Welt ist flawless**
**Wir haben drei Nächte Unsterblichkeit gespielt**
Voller Schönheit wie die Blüten in Versailles
*Wie Kuchen mit Schlagsahne. Brot ist alle? Egal, wir brechen Sachertorte*
Und verleihen uns Flügel für den freien Fall durch die Nacht
**Auf geht's, ab geht's, drei Tage wach**

*Es wurde Morgen*
Es wurde Abend
**Und wir sahen, dass es gut war**

Wir sahen die Grübchen beim Lächeln
Und das Funkeln in den Augen
*Tanzende Menschen, selbstvergessen*
*Wir sahen den Wunsch, an alles zu glauben*
Ein Leben in Frieden, *Sicherheit*, Selbstverwirklichung
**Nein**, heute geh ich noch nicht heim und finde zu meinem Topf den passenden Deckel
*Tanze die Nacht zwischen Bettdecken*
*Dann zum Chef, denn nächstes Jahr mach ich endlich mein Sabbatical und geh die Welt retten!*

**Wie schön ist die Welt**
Voller Ozeane, *Vielfalt*
Berge, die Quellwasser filtern
*Menschen, die hellwach Erfreuliches erfinden*
*Das Rad*
Die Zeit
*Den Kaffee*
Beyoncé
**Die Unsterblichkeit: NOT**

Der Apfel fällt nicht weit vom Stamm
*Der Teufel liegt nun mal im Detail*
**Ich seh etwas, was du nicht siehst**

**Das, was du da siehst, ist keine Rippe**
**Hier im Paradies, das sind Risse**

Aber wenn man jetzt nicht ganz genau hinschaut …
*Ich mein, ich kann mir auch nicht alle paar Monate eine neue Brille kaufen …*
Ich mein, ich versteh schon, aber man kann ja nicht immer …
Man muss ja auch mal …

**Man muss ja auch mal …**
**Man kann ja nicht nur …**
**Man hat doch auch …**
**Wenn ich ehrlich bin …**
**Man macht ja eh …**
**Eh …**
**Eh …**
**Eh …**

Eh wird die FPÖ niemals über die *30 % hat die FPÖ mittlerweile* **schon** blöd ich hab schon wieder vergessen Kaffee zu *kaufen wir heute Fairtrade oder nehmen wir den* **billigen** werde ich das nicht!

**Nicht immer nur wegschauen**
**Nicht immer nur die Zeitung klauen**
**Nicht immer nur blind vertrauen!**

Trauen würde ich mich **schon** *klar dass den Flüchtlingen geholfen werden muss aber wir können doch nicht alle* **nehmen** wir mal an es könnten alle friedlich miteinander **umgehen** *können wir das Problem nicht!*

**Nicht immer nur wegsehen!**
**Nicht immer nur Bahnhof verstehen!**
**Nicht immer nur auf der Stelle stehen!**

Stehen wir dazu dass wir lieber Luftschlösser und Sandburgen bauen statt unser Umfeld mitzu*gestalten*
*wir nicht lieber unser Facebookprofil als unsere* **Zukunft**
**ist das was Gegenwart wird während wir den Kopf in den Sand stecken!**

*Wir sind auf einem Auge blöd und das andere schielt*
*Flitzt hin und her und schreit: »Ich! Ich! Ich!«*
*Beschwert sich dann, dass uns der andere nicht sieht*
*Siehst du mich nicht?*
*Das Glitzern in meinen Augen*
*Alle sagen: »Ich! Ich! Ich!«*
*Aber wenn ein Ich nicht die Welt, nur sich selbst sieht*
*Wird's so leicht, dass ein Ich das andere Ich ins unsichere Drittland abschiebt*
*Die Grenze zieht*
*Wo ist die Empathie?*
*Wo ist das Wir-Gefühl?*
*Wer sagt noch Cheese? Und macht ein Foto von den anderen!*
*Wir sind im Selfiesumpfeinzugsgebiet*

**Geh bitte,**
Ich sehe was, das du nicht siehst!
Wir verstecken uns hinter Fotolinseneintöpfen und spannen die Bildschirme auf
Um uns vor dem Informationsregen zu schützen
Was ist mit Augenblicken?
Wer sieht heute denn noch gut?
Alle nur noch Ray Ban!

Aber UV-Schutz ist nicht gleich Sicherheit
**Und wir** lassen das Prisma der NSA das Licht brechen
**So, wie wir** im Neonlicht auf der Clubtoilette brechen
Was rauskommt, ist meistens unkenntlich und stinkt

Ich seh vor lauter Bäumen keinen Wald
*Ich seh vor lauter Daten keinen Inhalt*

Also lieber in Ruhe noch eine rauchen, hat irgendwer ein Panama-Paper?
*Kann irgendwer schnell den Whiskey leaken?*
Ich brauche noch was zu trinken!
Sollen wir mit blauer oder mit roter Pille aus dem Alltag verschwinden?
**Wir wachen auf, flawless**
**Dreimal Snoozetaste, flawless**
**Drei Liter Kaffee, flawless**
**Facebookupdate, flawless**
**Kopfweh, flawless**
**Schwindel, flawless**
**Schlagzeilen, flawless**

Die Welt ist nicht flawless
*Sie ist voller Bugs, stürzt so oft ab*
*Wie das neue Update von Windows 10*
**Bitte gehen Sie nicht weiter, hier gibt es was zu sehen!**

Siehst du das?
*Ich kann's nicht ganz erkennen*
Glaubst du, wenn man ...?
**Man könnte doch ...**
**Wäre es nicht auch eine Möglichkeit ...**
**Wenn wir alle ...**
**Es wäre doch ...**
**Wenn wir die Augen aufmachen ...**
**Wenn wir uns das mal ganz genau ansehen ...**

Doch jede Ursache hat ihre Wirkung
*Und jede Wirkung hat ihre Nebenwirkung*

Nach der Soliparty die Finanzkrise
*Nach der Pfandflasche das Plastikmeer*
Nach dem Datenschutz die Überwachungskamera
**Ist es zu spät für die Pille danach?**
*Nach dem Erwachen die Katerstimmung*
Es wurde Morgen
*Es wurde Abend*
**Und wir sahen, dass es gut sein kann**

*Wir haben die Nächte durchgetanzt*
*Und am Heimweg die Zeitungen geklaut*
An der Garderobe hängt noch unser Verstand
Augen auf Standby, so wie es ausschaut
*Haben uns unsere Mündigkeit selbst aberkannt*
*Und hören nichts, denn es ist zu laut*
Dient einem als Baustoff Ignoranz
Werden Träume auf Sand gebaut

**Baut heute noch jemand für die Zukunft?**
**Zukunft ist das, was Gegenwart wird, während wir den Kopf in den Sand stecken!**

https://www.youtube.com/watch?v=7bM6G76H4VE

# Was ist eigentlich ein Slam-Team? (MYLF Origin Story)

Seht ihr, wie weit wir gekommen sind? Wir erklären hier nicht, was ein Poetry Slam ist (Wettlesen um die Gunst des Publikums, Zeitlimit, selbstgeschriebene Texte, keine Requisiten), nein! Wir gehen selbstbewusst davon aus, dass sich das inzwischen rumgesprochen hat. Bei einem Poetry Slam werden übrigens Slam-Texte vorgetragen, keine Slams. Und, spätestens ab hier wird's interessant. Man muss das nicht alleine machen, sondern man kann sich mit anderen zu einem Team zusammenschließen, gemeinsam Texte schreiben und auf die Bühne bringen. Das ist ohne Ende leiwand, wenn man es mit ohne Ende leiwanden Personen macht!

Enter: Team MYLF.

Yasmin und ich (Mieze Medusa) kennen uns schon lange. Sie hat ihre ersten Auftritte bei meinem Poetry Slam textstrom gemacht. Sie war damals 16 und ich hatte die Ehre und das Privileg, ihr beim Erwachsenwerden zuschauen zu können. Wir haben uns immer gemocht, aber es hat ein bisschen gedauert, bis wir wirklich gute Freundinnen geworden sind. Wir sind nun mal nicht gerade gleich alt – das sagen wir übrigens ungefähr jedes Mal, wenn wir als

Team auf die Bühne gehen. Das Offensichtliche sagen, damit sich danach alle entspannt auskennen, kann eine gute Idee sein. 15 Jahre Unterschied, das gibt ganz schön was her. Wir haben sogar einen Text darüber geschrieben, er heißt »Dogma oder Poppen oder Popkultur« und ist in diesem Buch zu finden.

Wie kam es also zu dieser Freundschaft?

Wir waren gemeinsam auf einer Party. Eine Slammerin hatte drei oder vier andere Wiener Slammerinnen zu einem privaten Fest geladen mit Singstar, Let's Sing oder sonst einem Karaoke-Dings. Yeah, Vernetzung! Aber erstens, wir kannten uns gar nicht so gut.

Zweitens, ich bin Punk- und später Hip-Hop-sozialisiert, ich habe den Reiz von Karaoke nie verstanden. Könnte ich singen, würde ich eigene Songs schreiben und sie singen. Cute aussehen, während man die Textzeilen vom Monitor abliest? I don't get it.

Aber, Achtung, hier kommt eine Life-Lesson. Es lohnt sich überhaupt nicht, dogmatisch den eigenen Standpunkt zu verteidigen, das macht keine guten Feste. Alles war noch bisschen schaumgebremst, also haben Yasmin und ich uns angeschaut und verständigt. Wir singen ein Duett. Dann war das Eis gebrochen – bei der Party und für eine langjährige, produktive und stabile Freundschaft.

Und ein Slam-Team: erster Auftritt beim Ö-Slam 2012 in Leoben. Seitdem: auftreten, rumreisen, auch international, mindestens zwei neue Texte pro Jahr, weil bei den Meisterschaften (Ö-Slam oder deutschsprachig) wollen wir uns nicht vor der Szene blamieren. Austausch, Vernetzung, Freundschaft. Boom!

Plötzlich versteh ich den Reiz von Karaoke.

Was das Lied war? Bonnie Tyler – Total Eclipse of the Heart.

# Warum heißen wir MYLF? (Origin Story Teil 2)

Sorry, war meine Idee. Falls ihr nicht wisst, wofür MYLF normalerweise steht: Bitte NICHT googeln. (Yasmin war damals noch sehr jung und hat's gegoogelt. Ich kann mich dafür nur entschuldigen). Ich habe wenig Regeln fürs Schreiben, aber eine gibt's: Wenn ich bei einer spontanen Idee selbst mal eine Stunde lachen muss, dann geh ich ihr nach. Außerdem: Wir lieben beide Hip-Hop, wir mögen beide das Spiel mit Erwartungshaltungen, wir mögen Zitate und Anspielungen. Wir sind Feministinnen und das Reclaimen von Begriffen ist ein fröhliches und alt-erprobtes Spiel.

Also, MYLF steht für: **M**others **Y**ou'd **L**ike to **F**low with. Weiter im Text: Let's Flow!

# Kühlschrankmagneten

**Hier findet etwas statt.**
*Macht sich Platz, nimmt sich Raum und beansprucht*
**Sprüche, Rufzeichen, Parolen.**
Es stemmt sich etwas mit den kleinen Blumen zwischen
der Plattenbautektonik unserer Großstädte durch.
*Es wird etwas haarrissig. Die Welt splisst …*
Es spießt sich etwas. Es spießt sich auf:
*An höflichen Antworten, wenn du es nach dem Weg fragst.*
Die Aufspießigkeit mag es kuschelig und vermummt sich
gelegentlich, mit den weichsten Wollschalls der Welt.
**Die darf das.**
**Noch gibt es hier kein Vermummungsverbot, das**
**exekutiert wird.**
Es wird aber beobachtet. *Wir haben das beobachtet.*
Das Beobachten schafft Arbeitsplätze und bezahlt gleich.
*Wie gleich? Jetzt?*
Ja, ja.
»*Was des wieder kost'?*«
»Wer zahlt denn das bitte?«
**»Du!«**

**Hier findet etwas statt.**
*Macht sich Platz*, nimmt sich Raum *und beansprucht*
*Sprüche*, Rufzeichen, *Parolen*.

Es vernetzt sich mit gratis W-LAN & billigen Sprüchen.
*Es bricht Marmor, Stein und Eisen.*
Es findet in einer Fußgängerzone statt.
*Es ist inspiriert von Che Guevara*, Malcom X, *Pippi Langstrumpf* und James Franco.
Hier werden keine Zeilen geschlagen, sondern Wellen.
**Ich bin von den Schlagzeilen erschlagen.**
**Schlage Zeitungen zu, während die Welt neue Kapitel aufschlägt.**

Beton brennt.
*Der Gehsteig fliegt durch die Luft und unter dem Pflaster, da liegt gar kein Strand, sondern etwas offen.*
Und ich schlage Zeitungen zu und mich durch: *Deadlines*, Prüfungen, *Steuererklärungen*, Fahrpläne, *Termine*, Nächte, *Schwerkraft*, Leichtmut, *zu viele Kilos und zu viel zu tun*.
**Und geschafft vom Tag**
**zieh'n wir von Bar zu Bar**
**und sehen durch das Fenster nach draußen, wo sich kleine Blumen zwischen der Plattenbautektonik der Großstädte durchstemmen ...**
*Wir sehen durch andere Fenster in andere Länder.*
**Wir haben die Zeitungen zugeschlagen, aber das W-LAN ist offen und gratis.**
**Die Revolution ist ein Hoffen und Wagnis.**

Die Revolution sind immer die anderen. Und die haben auch W-LAN.
*Deren Revolution rutscht gelegentlich die Hand aus.*
Deren Revolution schießt auf Hühner. *Und Menschen.*
*Deren Revolution verändert Perspektiven.*
Deren Revolution nimmt Kinder mit auf die Straße und steckt in den Kinderschuhen.

Deren Revolution betet gemeinsam am Tahrir, steht Hand in Hand. Es kann zu sexuellen Übergriffen kommen.
*Deren Revolution ändert den Benzinpreis.*
Benzin ist ein guter Brennstoff, fragen Sie Mohamed Bouazizi, der sich verbrannt hat.
**Deren Revolution stemmt sich mit den kleinen Jasminblüten zwischen Traditionstektonik und alteingesessenem Gedankengut durch.**
*Deren Revolution ist neueingesessen auf dem Taksimplatz.*
Deren Revolution malt Stiegen mit Farben an, grey is not a colour of the balkans.
*Deren Revolution kämpft gegen Zensur im Internet.*
Deren Revolution kämpft gegen Oligarchen mit goldenen Klos.
*Deren Revolution verbrennt die Archive.*
Deren Revolution hat Probleme mit den Heizkosten, den Auslandsschulden, *denn Zeus dazoit's nimma und verpfändet Poseidons Dreizack, um den Cerberus zu bezahlen.*
**Deren Revolution ist da.**
**Hier findet etwas statt. Wir haben das beobachtet.**

Die Welt ist kein Erich-Fried-Gedicht.
*Pippi Langstrumpf verrechnet sich hier* und sogar James Franco hat etwas verspielt.
*Kein gutes Ende ist garantiert.*
**Wir sitzen mit offenem W-LAN und offenen Augen am Küchentisch.**
**Und holen die Welt ins Haus.**
Rauchen eine blaue Winston.
*Trinken Kaffee für den täglichen Aufstand.*
*Stehen auf und nehmen Milch und ein Ottakringer aus dem Kühlschrank,*
**Voll mit Magneten aus anderen Gegenden**:
Istanbul, *Sarajevo*, Sofia, *Kiev*, Tunis, *Kairo*, **Ottakring**.

Wir sitzen mit offenem W-LAN und offenen Augen am
offenen Fenster und sehen nach draußen,
wo sich kleine Blumen zwischen der
Plattenbautektonik der Großstädte durchstemmen,
und warten auf den Frühling, bis der Sommer kommt
und die Straßen wieder neu asphaltiert werden.
Wir haben die Zeitungen zugeschlagen, aber das
W-LAN ist offen und gratis.
Die Revolution ist ein Hoffen und Wagnis.

# Ch-ch-ch-ch-Changes!

Ich hab das heute früh auch meinem Freund erzählt. Es ist ganz komisch ... Seit ein, zwei Wochen wache ich in der Früh immer mit soo einer vollen Blase auf und muss ganz dringend pinkeln ... und ich weiß nicht, ob das schon die ersten Zeichen der senilen Bettflucht sind, ich kannte das bisher nicht.

*Kannst du noch mit voller Blase lachen und nichts passiert?*

Ja, klar.

*Dann ist alles gut.*

**Nicht jede Veränderung ist ein Meilenstein,**
**Manchmal kommen sie schleichend.**
So wie sich der Frühling schleicht und jetzt haben wir nur noch eiskalt oder sauheiß.
*So wie die Landmasse weicht und jetzt haben wir nur noch Asphalt oder Meer, das steigt.*
So wie man Nachrichten jetzt Content heißt oder wie sich die Sprache verabschiedet wegen des Reims.
*Auch nice.*
Sprache changed, wie alles around us.

*Wenn wir Freunde treffen, machen wir Zoommeetings und Facetimedates.*
Weißt du noch? Damals? Für einen Kaffee haben wir nur 2 Euros gepayed.
*Weißt du noch? Damals? Beim In-Urlaub-Fahren ist man stundenlang im Stau gestayed.*
Weißt du noch? Statt Konsolen haben wir Brettspiele geplayed.
*Und einmal Nikes zu bekommen, war ein Social Upgrade.*

**Nicht jede Veränderung ist eine Bedrohung,**
**Manchmal ist sie bitter notwendig.**
*Du sagst:* »Genderwahnsinn!«
Ich seh wieder ein Bild von einem Gesundheitspanel nur mit Ärzten.
*Wie erkennst du dann den Herzinfarkt bei einer Frau?*
Warum werden Airbags mit Crashtestdummies nur in Standardmännergröße getestet und gebaut? Wieso werden Medikamente vor allem an Männern getestet?
*Wie, die werden vor allem an Männern getestet?*
Bis in die 1980er Jahre galten Frauen als kleinere Männer, die gebären können, und es war billiger, Medikamente nur an Männern zu testen!
*Natürlich denken die uns mit, wenn sie Medikamente gegen Herzkrankheiten nur an Männern testen: Wir haben ja auch Herzen!*
Natürlich denken die uns mit, wenn sie Medikamente gegen Bluthochdruck nur an Männern testen: Wir haben ja auch Blut!
*Natürlich denken die uns mit, wenn sie Medikamente gegen Brust- und Uteruskrebs nur an Männern testen: Wir haben ja Brüste und Uterus!*
Und eine Blase ... Ich muss schon wieder Pipi!

**Wo wir stehen, als wir das gerade besprechen?**
Ich muss ...
*In der langen Schlange vor dem Frauenklo ...*
... schon wieder Pipi ...
*Warum ist das so?*
... ma, schon wieder Pipi ...
*Immer ist eine lange Schlange vor dem Frauenklo! Hat denn niemand mitgedacht? Pissoire brauchen weniger Platz, man braucht dort weniger Zeit. Ich mein, wie viele Männer nehmen ein Baby mit aufs Pissoir, um es mal eben in Ruhe zu stillen!*

**Und wir?** Wir stehen halt so rum und warten.
*Ja, da liegt ein Unterschied!*
Aber: »Alle Menschen sind gleich«, *lässt sich leicht sagen, wenn man die eigene Ungleichbehandlung nicht sieht.*

**Nicht jede Veränderung ist eine Verbesserung**
»Ja, hallo, ich sitz jetzt noch im Zug, der Zug hat zehn Minuten Verspätung, also komm ich erst in drei Stunden und nicht zwei Stunden fünfzig an, aber ich wollt's nur sagen, ich ruf dich an, wenn sich noch was verändert, ja? – Ja, sehr nett ist es, ich geh... Aso, aso, ja genau, ich ruf dann nochmal an, okay? Ja, habt ihr das schon eingekauft? Okay, okay, bis dann, ich ruf noch a mal an, Bussi!«

*Geht des auch ein bissl leiser?*

**Nicht jede Veränderung ist eine Verbesserung, Manchmal kommen sie schleichend.**

So wie Self-Checkouts in Supermärkten,
*Self-Check-In am Flughafen,*
Selbstfahrende Autos,
*Selbstfliegende Drohnen,*
Selbstrechnende Exceltabellen,
*Industrieroboter,*
Pflegeroboter,
*Roboter im OP,*
Roboter im Labor,
*Robocobs*, Robo-Dogs, *Robo-Bienen* und Robo-Ameisen …
*Da frag ich mich schon, zu welchem Date ich den Tag der Abrechnung von Skynet eintragen darf.*
Alexa, schick bitte das Video an alle Kontakte!
*Das Video?*
Das Video!
*An alle Kontakte?*
An alle Kontakte!

**Versteht uns nicht falsch:**
**Das ist kein »Früher war alles besser«-Text.**
**Denn das war es nicht und das zu behaupten, ist nicht viel mehr als bequemer Dreck,**
**das zu behaupten, zu posaunen, in die Welt rauszurufen,**
**macht Leuten Angst vor der Zukunft.**
**Und Zukunft kann man uns schon zumuten.**
**Man kann uns schon zutrauen, den Mist zu recyclen, den wir bauen,**
**das geht aber nur, wenn wir sowohl ins Gestern als auch ins Morgen schauen.**
**Was siehst du?**

**Ich seh keinen Change, wach auf und frag mich selbst: Ist es die Sache wert? Ich muss schauen, reicht das Geld?**

**Ich bin so müd, vom Verbrauch und der Welt, die kaputt geht,**
**Ablenken von früh bis spät, was auch frusteeeeeet.**
**Mein Bauch tut weh, von dem Gift, das durch Luft weht.**
**Ich seh die Kinderhände, auch wenn's nicht am Produkt steht.**
**Ich seh den Wochenendflug nach Sydney oder Phuket.**
**Ich seh den Menschen, der tagein, tagaus schuftet, der nicht nachfragt, sondern immer hört: »Du musst jetzt!«**

**Zwiebel aus China, Steak aus Argentinien.**
**Gewerkschafft auf mundtot, Industrie muss verdienien, wer rettet jetzt die Bienien?**
**It's time to fight back,**
**weil die Welt uns gehört und schön ist!**
**It's time to fight back,**
**weil die Welt nicht uns gehört und boid is'!**
**Das Umkehr'n erschwert, unseren Kindern verwehrt ist,**
**das unbeschwert Erben von Landschaft und Bergen**
**und Flüssen und Seen und Meeren.**
**Wir wollen hier nur ungern belehr'n,**
**doch liegt die Krise im Kern von der Welt, wie sie ist.**
**Wir müssen uns ändern and that's the way it is!**

**Ch-ch-ch-ch-ch-changes!**

**Nicht jede Veränderung findet statt**
**Und manchmal geht gar nichts und alles bleibt gleich.**

**Ch-ch-ch-ch-ch-changes** wird immer eine Jahrhundertnummer sein *und der Mensch wird immer Gesprächsbedarf haben.*
Wir werden immer Veränderungen fordern und nicht bei allem Ja sagen.

*Manche werden immer auf die Jugend schimpfen,*
Manche werden sie loben,
*Manche fühlen sich von der Welt halt betrogen.*
Manche nutzen die Angst vor der Zukunft für Hetze,
*Manche fordern: »Leute, schaut lieber ins Gestern!«,*
Weil man euch weismachen kann, früher war alles besser.
*Und wenn du nicht ins Morgen schaust, bleibst du ruhig und gelähmt,*
Aber morgen ist, wo wieder eine neue Welt entsteht.
*Ob sie besser oder schlechter ist?*
**Darum geht's!**

# Überleben im Übungsmodus

Mieze Medusa

»Wissen und Sensibilität rund um Ökologie wachsen jetzt exponentiell. Wir kriegen sanfte Technologie, sanfte Chemie und so weiter. Wir pflegen Luft, Wasser und Boden. In 20 Jahren wir niemand mehr davon sprechen, weil die Probleme gelöst sind.«

So wird der oberste Chef des Weltkonzerns Nestlé in einem Buch zitiert. Es heißt »Auf die Bäume ihr Affen«. Ich hab's vor vielen Jahren gelesen und neulich wiedergefunden: 1989 (!!!) erreichte es seine 5. Auflage.

Der Weg ist klar zu sehen
Wir sind häufig schon entlanggefahren
Jeden Tag der gleiche Gang
Man könnte dazu Alltag sagen
Alles läuft stabil
Doch höre ich im Hintergrund die Zweifel nagen
Zusammenfassung: Die Stimmung ist gut
Doch fühl ich mich an manchen Tagen
Verlangsamt wie ein Streifenwagen
Der in der Autobahn des Lebens im Stau steht

Niemand macht die Rettungsgasse
Niemand stellt den Motor ab
Alle wollen Luxusklasse
Niemand macht mehr Spartag

Wenn Blicke zu viel Tiefgang haben
Schau ich mir nebenan den Abgrund an
Abheben, okay, nur fühlt sich fliegen
Manchmal negativ fantastisch an
Wenn die Discokugel nicht mehr dreht
Schleicht sich der Gedanke an
Was mach ich jetzt? Abwürgen? Kaltstart?
Ich glaub, ich fang nochmal am Anfang an

Der Weg ist klar zu sehen
Er wird links und rechts uns vorgelebt
Geld verdienen, Kinder kriegen
Brav angepasst, weil sonst der Nachbar red'
Kaufen, kaufen, Leistung bringen
Schauen, dass was weitergeht
Das iPhone X will ich auch
Hier, im Tausch für den Knebelvertrag
Für mobilen Zugang zum Cyberspace
Schau, wie schick dieses Plastik ist!
Schau, wie wichtig das Wachstum ist!
Jedes Jahr das gleiche Ziel, jedes Jahr mehr Überfluss
Alle haben Minuszinsen, alle haben Überdruss
Wir leben überm Limit –
Tun so, als wär das Übungsmodus

In der Zwischenzeit *in Real Life*
Die Regierung sagt: »Wer zahlt, bestimmt
Und wer hinfällt, soll allein wieder aufstehen«

Das Bierzelt sagt: »Mir recht
Solang's wem schlechter geht als mir
Was soll der Scheiß mit dem Veganleben?«

Konsumkritik wird stummgestellt
Die Botschaft kommt unterschwellig
Online-Jagd auf Meinungshoheit
Alles schreit, bis wer heult, was den Mob unterhält
Dazu noch: Korruption, Erosion
Spam-Mails voll mit Werbung für mehr Erektion
Mittelklasse abgeschafft, umverteilt nach oben
Wer fragt denn noch
Wem der menschgemachte Klimawandel lohnt?

Systemkritik kommt ungelegen
Stillhalten, Kopf in Sand
Denn der Fortschritt wird eh das Problem lösen
Wenn es schiefläuft
Überlebt ein kleiner Teil der Menschheit
In Bunkern oder pompösen Raumschiffen
Die mit uns zum Mars fliegen
Während wir nach den Sternen greifen
Lässt Industrie die Atmosphäre reifen
Die Luft liegt auf der Lunge wie schweres Eisen
In der Zwischenzeit
Kann die Menschheit sich schwer begeistern
Für das erste Bild von einem schwarzen Loch:
#eventhorizon
#isteinhorrorfilm
Und am Ende sterben alle!
Nennt mich konservativ, nennt mich Gutmensch
Doch ich will halt möglichst viel für möglichst alle
Und ich lieb die Luft, die ich atme
Und ich lieb das Wasser, das ich trinke
Und will lieber auf der Erde bleiben

Wenn Gedanken keinen Frieden haben
Schau ich mir nebenan den Abgrund an
Abheben, okay, nur fühlt sich fliegen
Manchmal negativ fantastisch an
Wenn die Diskokugel nicht mehr dreht
Schleicht sich der Gedanke an
Was mach ich jetzt? Abwürgen? Kaltstart?
Ich glaub, ich fang nochmal am Anfang an

Gleiche Geschichte, ganz anders erzählt:

Ich nenne mich Mieze Medusa, ich heiße anders, aber das tut hier nichts zur Sache.

Ich bin 2 cm kleiner, als in meinem Pass steht. Ich habe nicht gelogen, niemand hat nachgemessen.

Erdbeeren sind mir egal, außer die aus dem eigenen Garten. Ich habe keinen Garten, ich habe einen Wald, der ums Überleben kämpft, weil die Sommer trocken geworden sind, der Wind zu Sturm und der Borkenkäfer zum Endgegner.

Es gibt Tage, da falle ich aus der Welt. Die Gesichtserkennungssoftware in meinem Kopf stürzt ab und dann grüße ich nicht oder die Falschen.

Das ist nicht der Grund, warum mich viele für ein bisschen abgehoben halten.

Ohne Supermarkt wäre ich nicht überlebensfähig, ohne Antibiotika schon tot.

Ich bin so erzogen worden, dass ich »WIR« denke, wenn ich »ICH« sage. Mir wurde vorgelebt, dankbar zu sein, wofür ich dankbar bin.

Die Liebe in meiner Familie ist bedingungslos und unkündbar, ich habe genug von der Welt gesehen, um zu wissen, was für ein Schatz das ist.

Seit ich 15 bin, kommt meine Regel verlässlich am 29. Tag. Jeden zweiten Monat bin ich davon völlig überrascht.

Ich bin ein sehr optimistischer Mensch.

Ich kann die Sieben nicht leiden. Ich liebe alle Wörter und theoretisch alle Lebewesen, in der Praxis gelingt mir das nicht lückenlos.

Egal, ob ich die Augen schließe oder ob sie offen sind, egal, ob ich wach bin oder träume, unter meinen Füßen spüre ich die vibrierende Unruhe unseres Planeten, eine neue, alte Welt, die sich in atemberaubender Geschwindigkeit durch ein Vakuum bewegt und von der ich weiß, dass sie okay sein wird, egal, ob von Menschen oder Kakerlaken oder gar nicht bewohnt, dem Planeten ist das egal. Mir ist das nicht egal.

Ich denke, Leben ist wie Musik für das große Orchester: voller grollendem Donner, murmelnder Hoffnung, alles tönt wild durcheinander, nichts ergibt Sinn, wenn man nur auf die eigene Stimme hört und hofft, dass sie sich durchsetzt, aber alles zusammen – was für Musik!

Ich glaube an den Fortschritt, aber ich weiß, dass Fortschritt Grenzen braucht oder Richtlinien, Leitplanken und Bilder, auf die wir uns einigen.

Ich will, dass die Menschheit überlebt, und zwar nicht auf dem Mars oder in einem Bunker. Wenn wir ganz viel Glück haben und alle hinsehen und handeln und darum kämpfen, in dem wir uns daran erinnern, wie wenig wir brauchen, eigentlich ...

Wenn wir ganz viel Glück haben, überleben wir auf einem grünen Planeten voller Vielfalt und Unruhe.

Schmeckst du, wie kalt und klar das Wasser am Gaumen liegt?

Riechst du, wie süß und frisch die Luft ist?

https://www.youtube.com/watch?v=5cVhpw2J_Ss

# Barwitze

Yasmin Hafedh

»Und von jetzt ab eine ganze Zeit über
wird es keine Sieger mehr geben auf eurer Welt,
sondern nur mehr Besiegte.«[1]
Und von jetzt ab eine ganze Zeit über
wird es keine Verlierer mehr geben auf eurer Welt,
sondern nur mehr Verlorene.
Und von jetzt ab eine ganze Zeit über
wird sich alles verändern auf eurer Welt
und was bleibt, ist mit Sicherheit die Veränderung
und mit viel Glück auch die Welt.

Ein Engländer, ein Franzose und ein Deutscher gehen in eine Bar – ah, nein, anders.

Ein Jude, ein Moslem und ein Christ gehen in eine Bar – nein, nein, ich fang nochmal an.

Eine Blondine, eine Lesbe und Conchita Wurst gehen in eine Bar … Nein, sorry, geht anders.

Ein Klischee, ein Unwissen, eine Anschauung gehen in eine Bar.

1 »Der Untergang des Egoisten Johann Fatzer« – Bertolt Brecht

Eine andere Zeit, andere Sitten, andere Wünsche, andere Visionen und andere Sorgen sitzen an der Bar,
trinken einen Scotch und rauchen, weil die das noch dürfen.
Die Akademiker, die dort sitzen, philosophieren über das Leben, das Sein, das Reflektieren einer Vergangenheit,
und die Arbeiter gründen eine Gewerkschaft, weil sie wissen, dass ihre Arbeit einen Wert hat.

Ein Vertrauen, eine Zukunft, eine Zuversicht gehen in eine Bar.
Sie stoßen fröhlich an, mit Champagner oder mit Bier, alle haben was davon.
Die Zeiten werden besser.
Eine Generation sitzt an der Bar
und nimmt einen Kredit auf
und kauft damit ein Haus.
Dieselbe Generation zahlt diesen Kredit zurück.
Eine Zuversicht greift feuchtfröhlich nach der Erdnussschale,
ihr ist gerade egal, wie viele Keime da drinnen sind, es gibt Impfungen!
Es gibt jetzt die Pille für die Frau,
es gibt jetzt auch Aids, aber das nur bei den Schwulen und bei denen in Afrika.
Es gibt so viele Möglichkeiten und es gibt Wachstum!
Es gibt eine Zukunft.

Ah, nein, ich fang nochmal an ...
Eine Unsicherheit, ein Leistungsdruck und eine Ungewissheit gehen in eine Bar.
Eine Zeit, in der man nicht genau weiß, was passieren wird.

Ein Arbeitsmarkt, der abgelöst wird, von Maschinen, von Computern,
eine Möglichkeit von vielen, die einem keine Sicherheit gibt.

Neue Arbeitsformen, Hoffnung, mit etwas Angst gemischt, und politische Korrektheit sitzen an der Bar.
Sie trinken alkoholfreie Limonaden oder Matcha, ersteres weil hier Konsumationspflicht herrscht, zweiteres weil, hey, wir leben in einer globalisierten Welt.
Die Angst vor der Zukunft rümpft die Nase, weil hier geraucht wird,
und der Leistungsdruck sieht neidisch zum anderen Ende der Bar, wo Gewerkschaften, eine Pension und Pragmatisierung sitzen.
Die Akademiker, die hier sitzen, rechnen sich ihre ECTS-Punkte aus.
Und die Arbeiter aus aller Welt schauen alle und alles misstrauisch an.
Weil man sie schon lange nicht mehr gesehen hat. Niemand schaut sie an.
Die Revolution findet normalerweise statt, aber heute gibt es kein W-LAN.

Als ein Mitglied des Prekariats eine Panikattacke bekommt, bricht der Damm.
»Ihr habt ja keine Ahnung, was Arbeit ist«, ruft einer von drüben und ein anderer höhnt: »Hat da jemand seine Tage?«
Die politische Korrektheit steht auf und ruft: »Wir wissen nicht, wie sich das Prekariat identifiziert, aber solche Mutmaßungen sind sexistisch und stehen euch nicht zu!«
»Uns steht alles zu«, ruft der alte Wind, und hat damit nicht Unrecht.

Alles stand euch zu – die Welt, die Arbeit, die Sprache –,
aber merkt ihr denn nicht, dass sich etwas ändert?
Wart ihr es nicht, die von Revolution gesprochen haben?
Die für Frieden auf die Straße gingen,
die von freier Liebe gesprochen haben?
Wolltet ihr nicht eine bessere Zukunft?
Und habt ihr nicht unseren Planeten in den Dreck gezogen?
Habt ihr nicht das Morgen ignoriert und habt ihr nicht mitgemacht, als ihr uns die Jobs weggenommen habt, die wir so dringend gebraucht hätten, um eure Pensionen zu bezahlen?

Das sagt nur niemand.
Es denken sich aber alle
und das Prekariat atmet in eine Papiertüte.

Und von jetzt ab eine ganze Zeit über
wird es keine Sieger mehr geben auf eurer Welt, sondern nur mehr Besiegte.
Und von jetzt ab eine ganze Zeit über
wird es keine Verlierer mehr geben auf eurer Welt, sondern nur mehr Verlorene.

Die Verlorenen haben keine Panikattacken, um euch auf die Nerven zu gehen,
sie reden nicht von »Selflove« und »Mental Health Awareness«, damit ihr sie nicht verstehen könnt und damit ihr eine Vorlage habt, wieder auf die Anglizismen zu schimpfen.
Sie machen nicht ein unbezahltes Praktikum nach dem anderen, ein Studium nach dem anderen, weil sie nicht wissen, was sie wollen, sondern weil sie nicht wissen, was sein wird.

Was wird denn sein, fragen wir uns!
Und wenn wir schon untergehen, dann wenigstens politisch korrekt.
Wenn schon alles brennt, brauchen wir zur Erfrischung ein Matcha-Latte-Getränk.
Und wenn der Kurs schon fällt, dann muss nicht auch noch mein Blutzucker fallen und deshalb möchte ich bitte ein Avocado-Kresse-Rote-Rüben-Brot, weil ich es mir leisten kann.
Nein, weil ich es mir wert bin.

Eine Vergangenheit, eine Gegenwart und eine Zukunft gehen in eine Bar.
Sagt die Vergangenheit:
»Und von jetzt ab eine ganze Zeit über
wird es keine Sieger mehr geben auf eurer Welt, sondern nur mehr Besiegte.«

Sagt die Zukunft:
»Und von jetzt ab eine ganze Zeit über
wird es keine Verlierer mehr geben auf eurer Welt, sondern nur mehr Verlorene.«

Sagt die Gegenwart: …
Die Gegenwart sagt nichts. Sie blickt teilnahmslos in die Runde und kippt ihren Drink runter. Sie sitzt hier schon lange und denkt:
»Und von jetzt ab eine ganze Zeit über
wird sich alles verändern auf eurer Welt und was bleibt, ist mit Sicherheit die Veränderung und mit viel Glück auch die Welt.«

# Licht an, Bühne – und dann?

Na ja, dann natürlich ballern. Aber wer ballert denn da? Mieze Medusa und ich (hallo, Yasmo da) kennen uns gut, wissen, wer wir sind und wie wir wirken können.

Ich bin übrigens der festen Überzeugung, dass man sich selbst am besten kennenlernt, wenn man auf Bühnen steht. Man merkt schnell, wo die eigene Komfortzone aufhört, wo etwas beginnt, an dem man vielleicht wachsen möchte, und wo man Eigenheiten an sich hat, die man ja auch eigentlich sein lassen kann. Das ist etwas ganz Intimes, das man sich in der Regel mit sich selbst ausmacht und auf Bühnen lernt. Und dann ist man plötzlich zu zweit auf der Bühne und alles wird anders. Witze, die ich auf meine Kosten machen möchte, gehen nicht mehr, weil der gesamte Kontext ein anderer ist. Pathos-Momente, die ich in einem ganz klaren Rhythmus sehe, werden plötzlich anders ausgesprochen und bedeuten etwas ganz Neues. Alles ist anders. Und das macht es spannend.

Wie Mieze schon geschrieben hat, unseren Altersunterschied sprechen wir immer gerne an und vor allem spielen wir auch gerne damit. Da gilt die Faustregel: alles, was du auf der Bühne hast, benutzen. Nur kann ich mich jetzt nicht mehr älter machen – das mache ich auf Bühnen sehr gerne – als ich bin, weil das wäre weird.

Und dann stehen wir zusammen auf der Bühne, performen unsere Texte und haben den größten Spaß in unseren Rollen, die doch etwas anders sind, als wenn wir alleine da wären. Und man lernt sich kennen – bist du deppat! Das beginnt schon beim Schreiben, wir entwickeln schnell ein Gefühl, wer welche Sätze sagen wird. Wem die Reimkette eher liegt, bei wem der Sarkasmus eher rüberkommt, wer die Punchline kriegt, das wissen wir mittlerweile, sobald der Text geschrieben ist. Und dann geht es ans Auswendiglernen, was interessanterweise auch nur zu zweit wirklich gut geht. Natürlich könnte man den ganzen Text auch selbst auswendig lernen, aber das bringt einen dann raus, wenn man den Satz der anderen anders sagt, als sie es tun würde.

Und dann steht man als Team da, eine hat einen Hänger und die andere rettet. Das ist vielleicht das Schönste am gemeinsamen auf der Bühne Stehen. Wenn du alleine bist und einen Hänger hast, ist es blöd, aber da kann man dann nicht so viel machen. Zu zweit – kein Problem. Und was da auch wichtig ist: immer zu wissen, ob die andere eine Kunstpause macht oder grad wirklich einen Hänger hat. Aber selbst bei Kunstpausen sind wir uns schon ins Wort gefallen und auch das war nicht schlimm. Wir tragen uns gegenseitig, ob vor, auf oder hinter der Bühne. Ja, Mieze, das ist der Pathos Moment, obwohl du Pathos ja nicht magst, aber zu zweit magst du ihn schon, hast du gesagt.

Oder um es anders zu formulieren: Wir können uns aufeinander verlassen – beim Kaffee, beim Karaoke Singen oder auch beim Kunst Machen. Licht an, Bühne, ballern.

# Darüber redet man nicht gerne

*Sag mal, Yasmin, hat sich bei dir was verändert?*
Wie meinst du, verändert?
*Na ja, weißt eh, seit ... alles anders geworden ist ...*
Wegen der Pandemie?
*Ich hab gehört, es kann sein, dass man nach der Impfung voll arg auf Insektenstiche reagiert. Aber das kann nicht stimmen, weil: Mein Papa und ich haben uns nach der Impfung extra von einer Wespe und von einer Hornisse stechen lassen und alles war ganz normal.*
*Aber ich hab auch gehört, dass bei der Regelblutung ... Aber psssssst, darüber redet man nicht.*
Na ja, weißt eh, bei mir war es tatsächlich so, dass ich ein paar Wochen überfällig war mit der Regel. Aber ich hab mir nichts dabei gedacht.
*Was? Du bist schwanger geworden von der Impfung?*
Nein, nein. Ich hab nur meine Tage nicht bekommen, aber ich hab mir nicht viel dabei gedacht. Weißt du, ich verhüte mit Spirale ...
*Bei mir war alles eigentlich super normal. Nur einmal war es überraschend heftig. Aber ehrlich gesagt, ich hab mir nichts dabei gedacht, ich denke ja schon seit ein paar Jahrzehnten, dass ich bald in die Wechseljahre komme.*

Ah, warte ... Tschuldigung, Mieze, du ... Tschuldigung, wir sind da auf einer Bühne ... Tschuldigung!
**Ist Ihnen dieses Gespräch unangenehm?**
*Mögen Sie den Gedanken nicht, dass unsere Hände manchmal so rot sind wie die Samtvorhänge Ihres Stadttheaters?*
Es klebt Blut an diesen Händen. Aber macht nichts, wir haben nicht erst in den letzten Monaten gelernt, unsere Hände gründlich zu waschen.

**Apropos Blut!**

*Darf man das denn sagen auf einer Bühne?*
Also wenn ich zum Beispiel sage, ich hab heute einen kleinen Kobold in meiner Gebärmutter und er dreht sich die ganze Zeit im Kreis und sticht in meine Gebärmutterwand ...
*Du bist schon wieder schwanger?*
Nein, ich hab ja jetzt wieder meine Tage. Ich hab Regelschmerzen. Ich habe Blut! Aber darüber redet man ja nicht.
*Dabei ist Blut etwas ganz Normales.*
*Die einzigen Menschen, in deren Adern kein Blut fließt, sind Vampire.*
Manchmal rettet Blut Leben.
Z. B.: Blutspenden.
Z. B.: *Krötenechsen schließen in Lebensgefahr, also wenn sie ein Puma schon zwischen den Pfoten hat und zubeißen will, einfach die Augen, erzeugen künstlich Bluthochdruck und dann schießen sie eine Blutfontäne aus den Augen ... In Your Face, Puma ... Und dann rennen sie weg.*

**Wissen Sie, Feministin sein fühlt sich manchmal so an, als würde man Jahrzehnte lang im selben Loop feststecken.**

Gleicher Lohn für gleiche Arbeit!
*Väterkarenz!*
Nieder mit dem Patriarchat!
Bei jedem Interview: Wie ist das so, als Frau im Rap-Business?
*Bei jedem Interview:* **Slam Alphas!**
Ehe für alle!
*Mein Körper, meine Entscheidung!*
*Und plötzlich ist man urerschöpft und hat vom Flyerverteilen, Demonstrieren und Agitieren in der kühlen Herbstluft mindestens eine Blasenentzündung und einen Harndrang, der echt Witze macht über den Satz:* **»Mein Körper, meine Entscheidung!«**
Ja, aber ...
Gut, aber ich meine, darüber redet man doch nicht!
*Worüber redet man nicht?*
Na ja, man redet eigentlich nicht über Blut.
*Na ja, man redet eigentlich nicht übers Geld.*
Na ja, man redet eigentlich nicht über Altersarmut
*Man redet eigentlich nicht über Väterkarenz!*
Man redet ein halbes Jahr darüber, dass ein Papa-Monat genommen wird. Man redet eigentlich nicht über Windelwechseln, weder bei Kindern noch bei alten Menschen.

*Man redet eigentlich nicht über Endometriose.*
Endometri-wie?
*Endometriose ist eine gutartige Wucherung in der Gebärmutterschleimhaut und mit gutartig meinen wir:*
Jeden Monat sitzt ein Kobold in der Gebärmutter!
*Du hast eine Feuersbrunst im Unterleib.*
Deine Gebärmutter ist das Filmsetting für den siebten Teil von »Stirb langsam« und der chauvinistische Teil des Internets rastet aus, weil:

**Was?**
**Wo kommen wir denn hin, wenn Bruce Willis von einer Frau gespielt wird?**
Ja, aber wie viele haben das denn?
*5 von 100 Frauen in Deutschland.*
Nein, 2 bis 10 von 100 Frauen in Deutschland.
*Nein 50 % aller Frauen, die starke Regelschmerzen haben.*
Also 100 von 200 Frauen?
*Nein, 1 000 von 100 Frauen?*
Obwohl die Krankheit schon lange bekannt ist, ist sie kaum erforscht.
Na ja, da redet man ja auch nicht drüber.

Wusstest du, dass die Häuser an der Ostküste von Amerika so gebaut sind, dass es da so Stufen gibt, die zum Eingang führen? Weißt eh, wie in New York! Und diese Stufen waren der öffentliche Aufenthaltsraum für die Frauen. Weil Frauen durften eigentlich nicht wirklich in den öffentlichen Raum, also auf die Straße.

*Weißt du, wir entscheiden nicht, wer eine Frau ist.*

Wusstest du, dass früher im UK, wenn eine Frau geheiratet hat, ihr Vermögen ins Vermögen ihres Mannes übergegangen ist? Und dann musste es einen männlichen Erben geben. Egal, ob der vermögende Töchter hatte oder nicht. Dann ging sowohl das Vermögen seiner Frau als auch das Vermögen des Vaters zum männlichen Erben, das konnte sogar der Cousin dritten Grades sein.
*Ist das nicht der Anfang von »Downton Abbey«?*
Ja! Aber es war so!

*Wusstest du, dass in Österreich eine Familienrechtsreform erst 1975 dazu geführt hat, dass eine Frau ohne die Erlaubnis ihres Ehemanns arbeiten gehen darf, die Zeugnisse ihrer Kinder selbst unterschreiben kann und Vergewaltigung in der Ehe ein Strafbestand wurde? Die Ehe wurde als Partnerschaft definiert und der Begriff vom »Vater als Oberhaupt der Familie« abgeschafft.*

**Hallelujah!**
**Man will fragen:**
**What took you so long?**

Wusstest du, die Ehe für alle ist in Österreich seit 1. Januar 2019 erlaubt?
*Weißt du, wie das in Deutschland ist?*
Geh bitte, woher sollen wir das denn bitte wissen?! Darüber redet man nicht.

*Frau ist allem voran einmal ein Wort. Eine Idee, ein Konzept. Eine Entweder-oder-Frage bei deiner Geburt und wehe denen, die in der Pause aufs Klo gehen wollen, aber nicht wissen, auf welches Klo sie gehen dürfen.*
**Wir sagen Frau, weil wir mit dir reden, Udo, wir entscheiden nicht, wer eine Frau ist.**
*Aus unserer Sicht sind mit diesem Text alle angesprochen: Cis-Frauen*, Trans-Frauen, *Trans-Männer* **und ja, auch du, Udo, ja, auch du!**

Udo, wusstest du, dass eine Idee mit einem Gespräch wächst?
*Allmählich zu keimen beginnt, sich ansetzt,*
Wenn man drüber redet und zuhört, bringt man etwas ins Jetzt,
*In eine Realität, die man manchmal unterschätzt.*

Wusstest du nicht?
Ja, da redet man ja auch nicht drüber,
**Dass es alles geben darf.**
**Liebes Publikum, wir haben Redebedarf!**

https://www.youtube.com/watch?v=l4LxBaFTlGU

# Was macht sie?

Yasmin Hafedh

Nehmen wir mal an, sie arbeitet in der Kultur. Was heißt das, in der Kultur arbeiten? Sie ist Kulturschaffende. Was schafft sie denn jetzt eigentlich? Irgendwas mit Kunst, okay, aber sie kann davon leben? Okay, dann ist es keine Kunst, dann ist es wahrscheinlich eher Kunsthandwerk, weil wenn sie davon leben kann, muss sie pragmatisch sein, wenn sie das ist, kann sie keine Kunst machen. Kunst darf keinen Nutzen haben. Aber ihre Arbeit wird ja irgendwie einen Nutzen haben, sie hat ja auch eine Miete zu zahlen. Vielleicht ist das eine Kulturschaffende, eine die so etwas ähnliches wie Kunst macht, aber halt nicht ganz.

Na gut, bleiben wir dabei, sie arbeitet in der Kultur, okay. Sie macht also was mit Sprache, Literatur? Nein, keine Literatur, sie ist ja noch kein alter weißer Mann, vielleicht wird sie das mal, aber das ist sie jetzt noch nicht. Eine junge Frau, dann wird es Lyrik sein, oder? Aber nicht die gute Lyrik, sie ist ja bei keiner Autor*innen-Versammlung dabei, eine Interessensgemeinschaft ist keine Versammlung, das ist eher die Gewerkschaft des kleinen Künstlers, na gut, sowas ähnliches wie Lyrik, mit Bühne, also Theater? Nein?

Na gut, junge Frau, Lyrik, ich denke an Mondschein, ich denke an Romantik, ich denke an die Unschuld, muss sie ja, wenn sie noch kein alter, weißer Mann ist. Sie trägt bestimmt ein weißes Kleid mit Spitzen. Das wird schmutzig, wenn sie später Rotwein trinkt, rote Flecken, die nicht mehr rausgehen werden, nicht mehr ganz so unschuldig, aber immer noch nicht Literatur, also doch Theater, kann ich mir jetzt auch vorstellen. Raucht sie?

Natürlich raucht sie, es sieht erhaben aus, sie möchte, dass es erhaben aussieht, die roten Flecken auf ihrem weißen Kleid sind ihr schon unangenehm genug, warum, das hinterfragt sie nicht. Dafür hat sie jetzt keine Zeit, sie muss ja Kultur schaffen.

Dann macht sie das eben, nicht wirklich Theater, aber reden kann sie, das muss man ihr lassen, sie haben ihr gesagt, sie solle ein Telefonbuch vorlesen, das würde reichen, um zuhören zu wollen. Sie wundert sich, ob es überhaupt noch Telefonbücher gibt und wer die verlegt.

Mittlerweile hat sie das weiße Kleid ausgezogen, sie trägt jetzt schwarz, die Rotweinflecken haben sich wie in einem weichen Schnitt zu rotem Lippenstift gewandelt, weich war der Schnitt nicht, und sie spricht nun, die Leute hören ihr zu.

Gut so, sie hat schließlich was zu sagen. Was hat sie zu sagen? Dass sie kein alter weißer Mann ist, das kann doch nicht das Narrativ sein, das Narrativ sollte voller sein, mehr hergeben, mehr Reime auch, sie liebt Reime, nicht wegen Goethe, nein, wegen Will Smith und dem Fresh Prince of Bel Air und diesem Hip-Hop, damit identifiziert sie sich. Das sind auch keine alten, weißen Männer.

Sie sagt immer, lieber einen Disstrack, der dauert nur drei Minuten, über sich ergehen lassen als einen ganzen Roman. Nein, sie will keinen »Montauk« über sich ergehen lassen, sie will auch nicht verbrennen, wegen der CO2-Emissionen, unangenehm wäre das auch, das muss nicht sein. Ist sie jetzt auf Sparflamme?

Sie hofft nicht.

Sie brennt nur nicht mehr so sehr durchgehend, mittlerweile nur mehr, wenn es wirklich dunkel ist, das Tageslicht hat ja auch seine Vorteile, also was will sie denn nun?

Dem Ärger will sie nachgeben, schreien will sie mal, anstatt Danke zu sagen, sie will mal einen Computer kaputtschlagen, das hat sie in YouTube-Videos gesehen, das will sie auch mal, aber dann kann sie sich solche Videos nicht mehr ansehen, weil sie sich keinen neuen Laptop leisten kann.

Sie will mal sagen, dass sie viel Geld abgelehnt hat, um für eine Partei zu spielen. Das macht sie sicher nicht. Sie will sagen, dass sie den Wahlkampf einer anderen Partei nicht zu 100 % unterstützt hat, nicht öffentlich zumindest, weil man ihr dann vorwirft, dass sie Staatskünstlerin sei. Sie will mal all die Vorwürfe ansprechen, die nie an sie herangetragen wurden, weil sie die Sachen gar nicht gemacht hat. Wer macht denn die Vorwürfe?

Sie macht die Vorwürfe gerade, sie muss nämlich immer alle Seiten abwägen, sie kann nicht einfach sagen, ja, ich mach das jetzt mal, ich krieg Kohle dafür, der Zug mit dem »Ich war jung und brauchte das Geld« ist abgefahren, als sie ihr weißes Kleid ausgezogen und sich schwarze Kleidung angezogen hat.

Verziehen wird ihr nicht, solange sie kein weißer, alter Mann ist. Schiebt sie eigentlich alles aufs Patriarchat oder übernimmt sie auch mal Verantwortung?

Sie hat das Gefühl, zu viel Verantwortung übernehmen zu müssen, sie ist nicht alleine, nein, sie ist manchmal Repräsentantin, was repräsentiert sie eigentlich? Wenn sie rumläuft und »Represent, represent!« schreit, was meint sie dann?

Sie representet Liebe und trägt das in die Welt, anstrengend ist das, da ist kein Platz mehr für Ärger, hätte es heißen sollen, und trotzdem ärgert sie sich. Und dann wirkt sie zynisch und bitter und das will sie doch nicht sein, also sagt sie nix.

Sie erzählt nicht, wie oft sie gehört hat, dass es doch auch Werbung für sie sei, es sei ja auch Werbung für sie, wenn sie gratis ein Stück entwickele, außerdem kriege sie eh was vom Eintritt, damit gehen sich zwei Bier UND das Taxi nach Hause, das ist doch fair, welchem Ärger soll sie denn da nachgeben?

Sie gibt nach, natürlich ist es kein Problem, sie macht das ja auch gerne, klar bewirbt sie das noch auf all ihren Kanälen, dass ihr Informationen vorenthalten wurden, das kann sie nicht öffentlich machen, außerdem muss immer gegenfinanziert werden, wer finanziert denn die Büroarbeit und die Werbung, die wird ja auch irgendwie finanziert, oder?

Oder ist das auch egal, ja, eigentlich ist es egal, es ist nicht so wichtig, sie macht das ja gerne, sie hat sich das ja ausgesucht und sie raucht, erhaben, entnervt, Danke sagend, sie greift sich an den rauchenden Kopf, der übrigens voller Know-how und Erfahrung ist, sie denkt sich – ach, passt schon.

Dann schafft sie wieder weiter Kultur, dann weiß sie, dass es ja wirklich Spaß macht und sie es auch wirklich gerne tut, wenn jemand fragt, was sie macht, sagt sie, sie sei Autorin. Auf die Frage, was sie schreibt, antwortet sie: »Hauptsächlich Mails«, dann lachen immer alle. Es ist auch lustig, es ist auch anstrengend, es ist Herrgott nochmal auch Arbeit. Eh ist es das, sagt man ihr dann immer, und sie nickt kapitulierend.

Sie fühlt sich manchmal nicht verstanden, sie sollte sich verständlich machen können, wenn ihr Werkzeug doch die Sprache ist, dann scheitert sie manchmal, dann zweifelt sie alles an, dann macht sie wieder weiter, Handschuhe an und geht schon. Diese Glasdecke wird einfallen, die Scherben werden Glück bringen, allen, die Versicherung wird das schon bezahlen, hat sie eine Versicherung? Ja, ja, dafür hat sie gesorgt, alles andere wäre unvernünftig, sie ist vernünftig, sie kontrolliert sich, sie ist impulsiv, was Schuhe betrifft, alles andere hat sie unter Kontrolle, den Ärger hat sie unter Kontrolle.

In manchen Momenten findet der Ärger seinen Weg aufs Papier, dann soll er doch dort bleiben, soll er sich mit Tinte festkrallen, da gehört er hin, nicht in sie. In sie gehören Ideen und Freude und die Liebe, die sie herumträgt, manchmal gibt sie nach, aber das ist okay.

Sie will nicht bitter sein, sie will nur verstanden werden, wenn sie sich mitteilt. Sie will es nur mal nach außen getragen haben, sie will mal das Gefühl beschreiben, nach dem Glanz und dem Glitzer und dem Licht todmüde nach Hause zu kommen, eigentlich ins Bett zu wollen und dann ist das voll mit Kleidung, die vor dem Weggehen noch anprobiert wurde.

Weil nichts gepasst hat, und dann wirft sie die Kleidung runter. Das weiße Kleid ist ganz verstaubt, der Rotwein ist leer, es ist Stille, im Ohr rauscht es, die schwarze Kleidung kommt auf den anderen Schmutzwäscheberg, die Augen schließen, morgen ist ein neuer Tag, der Müdigkeit gibt sie nach, was macht sie morgen?

Vielleicht schreibt sie was anderes als Mails, die Steuern muss sie noch machen, die Kleider wird sie noch waschen, dann wird sie Kultur schaffen – was das heißt, Kultur schaffen? Wir werden sehen.

# Ich mag Menschen

Mieze Medusa

Die Wahrheit ist: Ich mag Menschen.

Auch wenn sie manchmal nerven. Mit ihrem Geltungsdrang und ihren Egos, empfindlich wie Korallenriffe: schillernd, glitzernd, voller Leben, aber kaum kommst bissi unbedacht mit dem kleinen Finger an, zerfallen sie vor deinen Augen zu Asche, tot und grau, wie nur tote und graue Korallenriffe tot und grau sein können, und nie steigt ein Phönix oder ein Fisch aus dieser toten und grauen Asche auf.

Ich mag Menschen, auch die, die blaue Slim-Fit-Anzüge mit rosa, von der Mama gebügelten Hemden kombinieren.

Ich mag Menschen, auch wenn sie BWL studieren. Nicht etwa, weil sie sich für Zahlen oder Wirtschaft interessieren, sondern weil ihnen nichts Besseres eingefallen ist, und für Atomphysik, Altgriechisch oder eine Lehre als IT-Fachkraft hat's halt nicht gereicht.

Ich mag Menschen, auch IT-Fachkräfte mit ihren zu weiten Jeans, mit dem Gürtel zu hoch an der Hüfte festgemacht, und im Gürtel steckt ein Ledertäschchen mit einem Schweizer Taschenmesser oder einem Leatherman.

Ich mag Menschen. Auch wenn sie in ihrer Freizeit gerne Schmetterlinge fangen und mit ihren pickigen, fetten

Fingern auf den Flügeln rumtatschen, nur um zu schauen, ob es stimmt, dass er dann nicht mehr fliegen kann ...

Ich mag Menschen, auch wenn sie manchmal bissi grauslig reden und schlecht riechen.

Ich mag Menschen, wenn sie manchmal U-Bahn fahren und dabei bissi grauslig reden und schlecht riechen.

Ich mag Menschen, auch wenn ich mich manchmal selbst daran erinnern muss, dass ich Menschen mag, heute zum Beispiel, an so einem grauen Wiener Wintertag, vor dem Fenster ist alles so tot und grau wie die Asche eines Korallenriffes und das einzig Schöne ist der Kater vom Rausch von gestern.

Ich mag Menschen, deshalb gebe ich Workshops, bei denen ich eure Texte lobe und milde lächle, wenn ihr mir so gar nicht glauben wollt, dass es beim Schreiben nicht ums Talent geht, sondern darum, dass man sich hinsetzt und hackelt wie eine Wahnsinnige und niemals den Stundenlohn ausrechnet.

Ich mag Menschen.

Aber missverstehen Sie mich bitte nicht: Ich mag nicht alle Menschen. Nein. Nein. Fix nicht alle.

Es gibt Menschen, die mag ich nicht und denen habe ich ein paar Zeilen gewidmet unter dem Titel:

## Vertrocknete Träume & steinhartes Brot

Dem Menschen, der für die Industriellen Vereinigung arbeitet und neulich zu mir gesagt hat, dass ich als Künstlerin ja sowieso keine Ahnung von Wirtschaft habe und nicht immer so auf die Partei-Propaganda reinfallen solle, nur weil ich mich für Arbeitnehmer*innenrechte stark gemacht habe, wünsche ich absolut nichts Schlimmes. Ich wünsche ihm, dass ihm ein paar richtig guten Gedichte gelingen, und dann schreibt er Verlage an. Nach den üblichen 142 Absagen bekommt er die Möglichkeit, einen schmalen Band zu veröffentlichen, auf den er stolz ist. Die Veröffentlichung geht nicht vollständig unter ... Nein, das wünsch ich ihm nicht! Ich wünsche ihm, dass er zwei Rezensionen in wenig gelesenen Fachzeitschriften bekommt. Ich wünsch ihm sogar einen Literaturpreis, keinen bedeutenden und sicher keinen hochdotierten. Der Preis ist gerade so groß, dass die Lokalpresse eine Kurznotiz bringt, mit Foto und ohne Auswirkung auf die Verkaufszahlen. Jetzt wissen auch die Nachbarn, dass er Gedichte schreibt. Wenn er jetzt wieder mal großspurig seine Meinung kundtut, dann sagen alle: »Was pudelst dich denn so auf, du schreibst doch Gedichte! Und willst mit uuuuuns über uuuuunsere Steuergelder reden, geh, sei stüüüüüü, schreib lieber a poar Gedichterl!«

Dem Menschen, der mir nach einem Auftritt bis ins Detail gesagt hat, worüber ich meinen nächsten »Slam« schreiben soll, wünsch ich ein Leben, zweidimensional und mit knallgelber Haut. Genaugenommen wünsch ich ihm ein ganzes Leben zusammengeloopt aus dem Vorspann der Simpsons, und wie Bart steht er an der Tafel und muss unendlich mal schreiben:

»Man kann keinen ‚Slam' schreiben, nur einen Slam-Text.«
»Man kann keinen ‚Slam' schreiben, nur einen Slam-Text.«
»Man kann keinen ‚Slam' schreiben, nur einen Slam-Text.«

Den Menschen, die ihren Mitmenschen so sehr misstrauen, dass sie Ironie in ihren Aussagen damit kennzeichnen, dass sie mit den Fingern Anführungszeichen in die Luft malen, wünsche ich ... nichts Schlimmes. Ist nicht rasend originell, aber so schlimm ist es auch wieder nicht, und man muss sich nicht wegen jedem Scheiß aufregen, nur weil vor dem Fenster alles grau und tot ist wie ein Korallenriff, das gestorben ist, weil ihr die Memes von Greenpeace, Global2000 und Fridays for Future wieder nur auf Facebook geteilt habt, aber weder habt ihr gespendet noch wart ihr auf einer Demo, noch habt ihr die

Heizung zurückgedreht, noch habt ihr mit eurem Nachbarn darüber geredet, dass es echt nicht okay ist, wenn er Altbatterien in die Biotonne schmeißt.

Dem Menschen, der im Billa laut »Zweite Kassa« gerufen hat, wünsche ich ein dringendes Bedürfnis in einem Raum voll mit Menschen und es gibt nur ein Klo. Also warten, warten, in der Schlange stehen, Beine zusammenpressen, warten, das Beste hoffen ... Der Schweiß steht ihm auf der Stirn! Warten, warten, endlich, Tür zu, absperren, Hosen runter und hinsetzen und erleichtert ausatmen. Atmen in einer Tiefe und einem Rhythmus den Frauen bei Presswehen einsetzen und: »Aaaaaaaaaah!«

Ich wünsch dem Menschen nicht, dass dann kein Klopapier da ist. Nein!

Ich wünsch ihm einlagiges Klopapier und dass er Angst hat, dass man die Spuren an seinen Händen sehen kann, wenn er zum Waschbecken geht, sich die Hände waschen. Dort ist der Seifenspender leer und das Wasser ist eiskalt und den Rest des Tages schnüffelt er misstrauisch, ob man eh nichts riechen kann.

Dem Dealer, der an der U6 unwissenden Möchtegernkiddies getrocknetes Gras verkauft hat, und mit Gras meine ich: Gras. Das Gras, das in U6-Nähe am Gürtel wächst, auf das alle Hunde und Menschen mit Harndrang und ohne Hemmungen gepinkelt haben und das deshalb wahrscheinlich eh bisschen psychoaktiv ist ... Dem Dealer wünsche ich, dass Kiffen legalisiert wird und er für seine Geschäfte Steuern zahlen muss und Sozialabgaben, und wenn die Qualität nicht passt, dann kann man »help – das Konsumentenmagazin« kontaktieren. Er bekommt dafür, falls die Welt bis dahin nicht untergeht, das Gleiche wie wir: Ein Pension, von der man nicht leben kann, und wenn er Pech hat, kommt so ein Slim-Fit-Anzugträger und pfuscht an der Mindestsicherung rum.

Den Menschen, die weder sich selbst noch ihre Kinder impfen lassen wollen, weil sie überzeugt davon sind, dass man die Masern mit homöopathischen Globuli heilen kann, wünsch ich, dass sie mehr Glück als Verstand haben und ihr Kind weder krank wird noch andere Kinder anstecken, denn das Problem ist ja: Bei so fiesen Krankheiten wie den Masern, Mumps, Röteln oder Covid brauchen wir möglichst hohe Durchimpfungsraten, man könnte das auch Solidarität nennen, und ich weiß, das ist ein Wort, das in Zeiten von diversen Slim-Fit-Anzugträgern hart unter Beschuss steht, aber es ist schon eine schöne Sache, diese Solidarität, glitzernd und bunt wie ein Korallenriff, bevor so ein Husch-Pfusch-Gesetz mit dem kleinen Finger ankommt und der Zusammenhalt in der Gesellschaft zerbröselt zu Asche …

Den machtgeilen Menschen, die unseren sozialen Zusammenhalt wegrationalisieren, streichen und kürzen wollen, wünsch ich ein Volk mit Interesse und mehr als einem Zeitungsabo und einem langen Gedächtnis. Auf dass wir alle zur Wahl gehen. Sonst haben wir ein Leben, lauwarm, mit zu Asche zerbröselter Solidarität.

Lauter Tage, an denen das Schönste der Kater ist, der Kater vom Rausch der Jahre davor.

# Ich bin die Frau, der nie was Schlimmes passiert ist

Zur Erinnerung:
Das spricht Yasmin
*Das spricht Mieze Medusa*
**Das sprechen beide**

Ich hab den Stuff jetzt outgefigurt.
*Die Gedanken neu aufgesetzt und durchkonfiguriert.*
Ich hab mal alles defragmentiert.
*Ich hab Ordnung gemacht, Staub gewischt, die Erinnerungen neu sortiert.*

**Ich bin die Frau, der nie was Schlimmes passiert ist.**
*Ich bin glücklich* (manchmal), *berufstätig* (ist es eigentlich auch ein Beruf, wenn man unbezahlt arbeitet?), *orgasmusfähig* (manchmal), *gebildet* (obwohl ich das verstecken kann), *fähig, meine eigenen Entscheidungen zu treffen* (obwohl ich schon gern nachfrage bei Leuten, vor denen ich Achtung habe). *Mir ist eigentlich nie was wirklich Schlimmes passiert, aber trotzdem ist da dieses Unbehagen.*

**Ich bin die Frau, der nie was Schlimmes passiert ist.** Ich bin glücklich, selbstständig, finanziell unabhängig, immer noch nicht schwanger und froh darum, bin gebildet *(weshalb ich das verstecken kann)*, entscheidungsunfähig nur, was Schuhe betrifft, mir ist eigentlich nie was wirklich Schlimmes passiert, aber trotzdem ist da dieses Unbehagen.

**Ich bin die Frau,** *die mit so 9 oder 10 Jahren, also noch so ganz ohne Brüste und Haare, außer am Kopf, allein vor dem Zelt am Campingplatz gesessen ist. Kam ein alter Typ mit keinen Zähnen, keiner Sprache daher und hat mir einfach so zwischen die Beine gefasst … Aber ich hab geschrien. Er ist weggelaufen. Ich bin duschen gegangen. Es ist nichts Schlimmes passiert.*

**Ich bin die Frau,** die mit 15 oder 16 Jahren, also schon bisschen Brüsten, mit der Schule in Nizza war zum Sprachaustausch. Und mit der ganzen Klasse eine Straße runterging, bis mir ein Typ entgegenkam, vor mir stehen blieb und mir auf die Brust griff. Aber ich hab mein französisches Schimpfwortvokabular laut ausgepackt. Alle blieben stehen. Die Lehrerin kam und er lief weg, es ist nichts Schlimmes passiert.

**Ich bin die Studentin,** *die um 17 Uhr am Nachmittag von meiner WG zu Freunden gegangen ist. Sieben Minuten Fußweg, Tageslicht, da hat mich ein Typ von hinten gepackt und in einen Hauseingang gezogen. Ich hab geschrien und mich gewehrt. Er ist weggelaufen. Es ist nichts Schlimmes passiert.*

**Ich bin Schrödingers Frau:** unfickbar und gehöre mal ordentlich durchgenommen.

**Ich bin die Frau,** *die bei »Germany's Next Topmodel« wegen der Sprache ausrastet. Lauter junge Frauen, die von sich sagen: »JedeR hat sein Bestes gegeben.«*

**Ich bin die Frau,** die mit 18 im Club mit einem Typen tanzt und sich freut, dass überhaupt wer mit mir tanzen will, und nicht weiß, wie ich reagieren soll, als der Typ sein erigiertes Glied an meiner Hüfte reibt, weil böse kann er's ja nicht meinen, vielleicht war es ein Kompliment? Mir ist nie was Schlimmes passiert.

**Ich bin die Frau,** *die zu Fremden ins Auto steigt, vor allem wenn Taxi draufsteht. Mir ist nie was Schlimmes passiert.*

**Ich bin die Frau**, die früher nie verstanden hat, warum niemand nach der Schule zur Anna mit den blauen Flecken mit nach Hause gehen durfte, weil in dem Punkt ist mir wirklich nie was Schlimmes passiert.

**Wir sind die Frauen, die sich auf Bühnen stellen, ihre Meinungen äußern und dann Mails bekommen:**

*»Hass hast du dir verdient, zu Weihnachten gibt es ein Seil für dich und deinesgleichen!«*

»Fresse du Nutte, wieso du so behindert bist, antworte gefälligst, wenn ich dir Frage stelle!«

*»So, jetzt hör mal zu, du kleine Bitch, du kannst meinen Schwanz lutschen und dann fick ich dich in der Arsch damit. Das wird dir sicher guttun, denn du bist schon lange nicht mehr gut gefickt worden, deswegen hast du auch immer so beschissene Ideen!«*

»Wenn dich meine Freunde mal in der Nacht draußen erwischen, hast du sowieso ausgespielt. Überleg dir gut, was du noch machst!«

**Ich bin die Frau**, *die gerne allein in der Nacht heimgeht, aber sich oft umdreht, nachschauen, ob mir jemand folgt. Mir ist nie was Schlimmes passiert.*

**Ich bin die Frau,** die in der Nacht lieber ihr letztes Geld fürs Taxi nach Hause ausgibt. Mir ist nie was Schlimmes passiert.

**Wir sind die Frau, der immer gesagt wird:**
*»Was regst dich denn so auf?«*
»Jetzt tu doch nicht so!«
*»Du willst es doch auch.«*
»Hast kein Humor, du Spaßbremse, oder was?«
*»Na geeeeeeh ...«*

**Ich wähle, also bin ich:**
**frei, unabhängig, empowered!**
**Bin meines Glückes Schmied,**
**Mein Selbstverdienst,**
**Die selbstbestimmte Frau.**
**Bin die Frauenquote,**
**Die Unzufriedene,**
**Die, die alle anderen lobt,**
**Die Weitsicht,**
**Bin die, die eigentlich mehr verdient**
**Und die sich das bitte holt!**

Ich wähle, also bin ich die für das Empowerment.
*Ich bin die, die wieder und wieder und wieder gegen Mauern rennt.*
Ich bin die, die sagt: »Ich will das Privileg.«
*Und ich bin die, die sagt: »Ich werde Verantwortung übernehmen.«*
Ich bin die, die versteht, dass es so, wie es ist, nicht weitergeht.

*Und ich bin die, die sagt:* **»Jetzt waren wir aber lang genug bequem!«**

**Ich werde unbequem.**
Ich habe Arbeit,
*Ich habe studiert.*
Ich bin die, die sich die Konvention ansieht und sagt: **»Danke nein!«**
*Ich möchte gehört werden.*
*Und: Muss es sein, dann werde ich auch laut schreien.*

Ich mach das Schritt für Schritt.
Ich weiß nämlich, von heut auf morgen kommt nix.
Aber ich bin zuversichtlich, wenn ich in die Zukunft blick.
*Ich bin die, die weiß: Jeder ist seines Glückes Schmied.*
*Ich weiß nur auch: Das gilt nicht nur für ihn, nein! Es gilt genauso für sie!*
**Und sie, das bin ich.**
**Sind meine Schwestern.**
**Sind wir.**
**Sind Frauen, selbstbestimmt, laut und im Hier.**
**Wir sind da!**
**Und niemand kann mehr sagen, dass man uns nicht sieht.**
**Wir haben Rechte, ja!**
**Aber fordern wir sie, gibt es gleich Kritik.**
*Und schon mehren sich die Stimmen:*
»Aber, aber«, sagt der Kritiker, »ihr Frauen habt doch eh schon alle Rechte!«
Stimmt, aber sobald man sie ausnutzt, wird man gleich wieder verdächtigt.
*Wie, du willst keine Kinder?!*
Wer zahlt meine Pension?!
*Wie, du willst die Frauenquote?!*
Wie, du willst eine Machtposition?!

*Wie, du willst einen Bonus? Selbst schuld, wenn du alleinerziehend bist!*
Was meinst du damit, dass Gleichberechtigung nicht gleich Gleichstellung ist?!

**Der Weg ist noch lang.**
**Wir haben Siebenmeilenstiefel an.**
**Wir werden weiter Hürden erklimmen und gegen Mauern rennen.**
**Wir sind Frauen, wir sind viele, wir hören nicht auf mit dem Empowern.**

https://www.youtube.com/watch?v=e6NDOo_5z3c

# Wie ist das so, als Frau auf der Bühne? Merkt euch die Slam Alphas!

Das Publikum hat immer Recht, aber wer ist das Publikum? Poetry Slam ist ein Literaturformat mit Spielcharakter. Auf der Bühne findet ein Wettbewerb statt. An jedem Abend versuchen wir das Unmögliche: Kunst zu bewerten, mit Zahlen. Die Jury sind zufällig ausgewählte Menschen aus dem Publikum. Ist das fair?

Nein. Niemals.

Im Publikum sitzen Menschen wie wir. Mit Vorlieben, Vorurteilen und einer oft sehr konkreten Vorstellung von der Welt. Was heißt das für uns? Auf der Bühne kannst du alles verstecken, außer dich selbst. Ab dann beginnt der Spaß (und an manchen Abenden der Frust)!

Für die Szenearbeit heißt das, wir müssen Arbeit machen. Leute buchen, die wir unterbewertet finden, aus welchen Gründen auch immer (Sexism, Racism, Ageism, andere -isms). Bewusst moderieren: »Für euch kommt jetzt auf die Bühne ...«, ist eine viel bessere Anmoderation als: »Die einzige Frau im Line-up heute ist ...«

Überhaupt: Die einzige Frau im Line-up? Don't!

Meine Erfahrung zeigt: Wenn ich (Mieze Medusa, Kunstfigur und Frau mittleren Alters) politische Texte mit Wut auf die Bühne bringe und laut werde ... das funktioniert nicht. Besser: Ich halte die Stimme sanft. Macht euch der Satz wütend? Mich einerseits schon. Aber andererseits: Ich entscheide, wie meine Stimme klingt. Kann sein, ich entscheide mich für Wut in der Stimme und mache euch wütend. Kann sein, ich will euch die Chance geben, bei einem politischen Text bei mir zu bleiben. Meine Stimme, meine Entscheidung.

Aber auch: Andere müssen diese Entscheidung erst gar nicht treffen. Die gehen rauf und dürfen von vornherein alles (Stichwort: Sexism, Racism, Ageism und andere -isms). Was hilft? Vernetzen, Austausch, Feedback. Ihr könnt euch euer Netzwerk selbst bauen. Ihr müsst aber nicht unbedingt immer wieder bei Null anfangen! Kennt ihr die Slam Alphas? (www.slamalphas.org)

# Zugluft, Lärm und Monotonie

[Yasmin macht Geräusche und eine Handbewegung wie an der Supermarktkassa: Piep, piep, piep.]

*»Können'S bitte noch a Kassa aufmachn? Wir warten!«*

[Yasmin und Mieze machen jetzt beide Geräusche und Handbewegungen wie an der Supermarktkassa: Piep, piep, piep.]

Guten Morgen, Scheißtag, und Ihnen noch 'nen Schönen.
Manager mit Salat, Penner mit Schnaps will sich verwöhnen.
Jeden Morgen dasselbe, aber hey, ich finds okay.
Muss ja wenigstens nicht mehr in die Schule gehen.

*Du hast dich schon mal besser angefühlt, du Arschtag.*
*Im Rücken die Schmerzen, im Blut den Hochdruck, im Nacken den Chef.*
*Ich mach den ganzen Tag ho ruck aus dem Handgelenk.*
*Ich möchte nur weg.*
*Aber ich bleib da. Jedem Tag folgt ein Tag, folgt ein Tag und ich frag gar nicht mehr nach.*

»Kann ich sonst noch was für Sie tun?«

*»Nein, die Katzenstreu ist diese Woche nicht mehr im Angebot.«*

»Ja klar, ich wieg Ihnen das noch schnell ab.«

*Was ist im Wagerl?*
**Sauerrahm, Weißbrot und Weintrauben.**
So mediterran, ich werd bald in Italien urlauben.
*Bei so einer Rosinenhaut würd ich ja Gurken und Joghurt kaufen.*

[Piep, piep, piep.]

**Apfel, Mineralwasser und Salat**
*Und der Fettsack glaubt, ein Tag davon reicht schon und er nimmt ab.*
So dünn, wie sie ist, hoffentlich isst sie noch was, das bringt sie noch ins Grab.

[Piep.]

**»Haben Sie eine Bonuskarte?«**

[Piep.]

**»Wollen Sie eine Bonuskarte?«**

[Piep.]

*Und während ich das Wechselgeld nochmal nachzähl,*
*Fällt mir ein, wie verwechselt ich mich an manchen Tagen fühl.*
*Ich wollte Forscherin werden oder wenigstens Prinzessin.*
*Dann kam ein Frosch, den ich erforschte, in der Hoffnung, da wär ein Prinz drin.*

*Und während ich ein Dings nach dem anderen*
*über den Scanner zieh,*
*In der Zugluft sitz*
*und keinen kleinsten gemeinsamen Nenner mehr seh,*
*Seh ich den Arsch vor mir an und seh ihm an,*
*der will sich mit mir anlegen.*
*Wenn mich der jetzt anmacht!*
»Wie komm ich dazu,
dass das Bier schon wieder teurer ist?«
*Schon passiert, denk ich mir und:*
*Hätt ich bloß die Matura gemacht.*

Ich muss freundlicher sein,
sonst gibt's keine Beförderung.
Dann zeig ich meiner Ex-Mathelehrerin,
was addieren heißt!
Die Schule brauch ich nicht
und auch keine Erörterung.
Hier arbeiten ist zwar nicht soo nice,
Aber wenn ich was gespart habe,
dann mach ich 'ne Weltreise.
Und das nervige Piepgeräusch,
das wird langsam auch leise.

[Piep, piep, piep ... wird leiser, wie der Sound eines Herz-EKGs. Dann wieder laut und entschlossen: Piep!]

*Schuhcreme, Ehemann und ein Kind!*

[Piep!]

Fertigpizza, Konkurs und Antidepressiva!

[Piep!]

*Party, Jägermeister, Sex mit der Alice aus der 8B, und hoffentlich komm ich nicht wieder so schnell!*

[Piep!]

Glaube, Liebe und Hoffnung mit 20 % Rabatt

[Piep!]

*Supersale: Frauen über 30 zum halben Preis, Aufbackbrötchen und ein Morgen nach dem Morgen danach.*

[Piep!]

Porsche 400 000, GTO, Volks-wag es nicht, meine Frau anzuschauen, Ray Benz und 10 dag Identität fein aufgeschnitten!

[Piep!]

*Megatitten, Sexy Blond giving Head and cumming hard, versaute Hausfrauen, die ich anrufen kann:* »Ja, ich stricke gerade« [mit supersexy Stimme], *Mother's you'd like to* f*f*f* *with*,
Bitch! Eh ...

[Piep!]

Selbstbestimmung, Feminismus und talk to the Head cause the Boobs ain't listening!

[Piep!]

**Wir verwechseln den Laden nebenan**
**mit dem Leben nach Masterplan!**
**Stehen elendslang beim Nebenmann,**
**zählen jedes Mal jenen Drang,**
**dem Leben zu entgehen.**
**Kann jeder mal eben im Leben**
**statt nur im Nebel stehen?**
**Wenn sich jeder bewegen kann,**
**fängt man Fehler zu beheben an.**
**Statt dem Nehmen das Geben im Bann des Strebens, eben gegen »wegen der Bank«!**

[Piep!]

*Bitte, gibt's das auch ohne Nebenwirkungen?*

[Piep!]

Kann ich den Ehemann umtauschen, ich hab eh noch alle Rechnungen?

[Piep!]

*Also, die Identität, die müssen Sie mir nächstes Mal wirklich feiner aufschneiden!*

[Piep!]

Ich möchte mein Leben retournieren, kann man das stornieren?

*Äh, einen Moment, da muss ich jetzt echt die Kollegin holen, ich weiß jetzt gar nicht, wie das geht.*

[Piep!]

**Tut mir leid, dafür ist es jetzt zu spät.**

[Piep!]

**Du willst dein Leben umtauschen,**
**aber tut uns leid, das geht nicht.**
**Doch hör auf mit Rummaulen,**
**das Leben bewegt sich, also beweg dich.**
**Sei nicht dumm, faul und erleb nichts.**
**Wenn du umbaust, dann dageht's sich's.**
**Du kannst umändern, umsteigen, umnähen,**
**Herumgendern, umfeilen und um Wände herumgehen.**
**Drum nimm teil, misch dich ein,**
**sonst lähmt dich die Komaphobie!**
**Es gibt mehr als den Supermarkt,**
**mehr als Zugluft, Lärm und Monotonie!**

[Piep!]

# Das Leben ist eine Baushtell

## oder: Ghettofaust für Vokabelkenntnisse

[Wir spielen Stille Post oder so. Mieze flüstert lang in Yasmins Ohr. Die versteht nicht recht und sagt fragend:]

Gedankengangdach?

[Andere Richtung, Yasmin flüstert in Miezes Ohr, die versteht nicht recht und sagt fragend:]

*Zeilenzwischendurchgangsraum?*

**Die Geschichte der Sprache**
**ist eine Geschichte voller Missverständnisse.**
**Zwischen den Zeilen zeigen Zeichen Zeiteinheiten,**
**Bleiben beizeiten geistreiche Grenzbalken**
**Als vereinsmeiernde Einigkeitsverwalter:**
»Bis hierher *und nicht weiter!*«
**Verbleibt man im jenseitigen Wortstreit,**
**Ereilt einen eine einseitige Gier**
**nach einfacher Einfachheit.**

**Aber hier: Hier passiert Reizlebendigkeit,**
**Verliert sich in Seiten und Zeilen,**
*Kreiert Augenblicke, die verweilen,*
Und feiert Eigenheiten, *Eigenwillen*, Eigenarten,
*Einsamkeiten*
versammelt zu einem Sein:
**Hier darfst du du bleiben.**
**Frag nicht: »Was soll das heißen?«**

[Wieder flüstern wir Stille-Post-mäßig uns in die Ohren
und werfen fragend Worte in den Raum:]
*Ich erkenn's nicht?*
Sexgeständnis?
*Mixgetränk, ich?*
Missverständnis!

**Es ist so leicht, etwas falsch zu verstehen.**
**Die Grenzen deiner Sprache**
**sind die Grenzen deiner Welt.**
**Aber die Grenzenlosigkeit von Sprachen**
**und Menschen wird über Grenzen gestellt.**

»*karfiol*«: bosnisch.
»Гастарбайтер«: russisch.
»*Weltschmerz«:* dänisch.
»*Rajsferšlus*«: bosnisch.
»*Baushtell«:* albanisch.
»*Hügieeniartikkel«:* estnisch.
»Angst«, »kindergarten«, »zeitgeist«: *englisch.*
Sagt man downgeloadet oder gedownloadet?
*Im Coffee Shop gibt es seit Neuestem auch Kaffee-to-go.*

Ich habe meine Nike Airmax Yeezy Collection 2.0 Softbubble Shoestringless Sneakers geupgradet!
*Upgegradet!*
Geupgradet!
*Upgegradet!*
Geupgradet!

Manchmal hängt die Sprache,
**Hängt fest in den Gräben,**
**die Menschen zwischen sich ausheben.**
Vorurteil, *Vorverurteilung*, Einreiseverbot
*und verbogenes Gastrecht,*
**Du machst mir Angst!**
*»Dich kenn i ned und du bist anders als ich!«,*
*also weg mit dem.*
Doch Einheitsbreiköche haben eins nicht gecheckt:
**Wörter haben immer ein Aufenthaltsrecht und überall,**
*Das Leben ist eine Baushtell,*
**mit Bauteilen aus allen Ecken und Enden der Welt.**
»Angst« *ist zu jedem* »Zeitgeist« *ein sauschlechtes* »Must-have« *im* »rucksack«*-Reisegepäck.*

Aber das Reisegepäck, das darf auch nicht weg.
Denn sitzt du im Zug, ist manchmal das Buch schon aus.
Und spritzt **ur viel Blut**, schreibt Gottfried Benn ein Gedicht daraus.
Suchst du »la deuxieme sexe«, **kommt ein anderes raus.**
Und passt kein Kamel durchs Nadelöhr, ist es nicht schlimm, *denn es ist ein Schiffstau.*
**So reist Sprache durch die Welt**
**und zeichnet Bücher für uns bunt,**
**Auf derer Wöd samma alle Ausländer**
**und lesen Texte mit Migrationshintergrund.**
**Neologismen, Bitches!**
**Das ist ein Liebesgedicht an Sprache, ihr Hurensöhne!**

**Und dass du, Sprache, bei allem Wandel,**
**der dir passiert, immer du bleibst!**
Und dass du variabel reagierst,
wenn unser Denken seine Grenzen erreicht.
*Was kann man wissen, ich von dir und wir über uns?*
**Was kann ich sagen, ich zu dir, und was dann kommt,**
**ist die Kunst der Interpretation von dem,**
**was zwischen Begrifflichkeiten in der Sprache wohnt!**
#missverständnis
*#mitdemherzenhören*
#daretodream
*#notgameofthrones*
#dswnwst
**#stayingalive**
*#iwillsurvive*

Denn Ich bin Sprache. Ich bin viele. Ich bin vieles und ich beschränk mich nicht!

If
*dein Gegenüber dich nicht versteht,*
then
*sag's nochmal: laut & deutlich,*
else
*sag's anders, sag's besser.*

If
*dein Gegenüber dich den ganzen Tag schon irritiert,*
then
*geh ihm auch auf die Nerven?*
Else
*mach's anders, mach's besser.*

If

*du via Wikipedia dein Wissen generierst,*

then

*wisse, das Wissen aus mehr als einem Quellcode entspringt,*

else

*lies anders, lies besser.*

**Sprache ist die Matrize unsres Denkens,**
Die Mutterform des Handelns,
*Die Assemblersprache der Biochemie*
zwischen ich und ich.
**Du kannst nicht nichtkommunizieren.**

Du kannst Medien neuerfinden, intermedial,
*Intertranszendental*, interregional, **interüberall.**
*Und in all dem inter gibt es keine Grenzen,*
Nur ein dazwischen.
»Inta« heißt »du« auf Arabisch.
Zwischen du und du,
Zwischen ich und ich
Ist: ____________________.
**Du kannst nicht nichtkommunizieren!**

[Yasmin macht das Zeichen für »gut« in Gebärdensprache, Mieze rät die Bedeutung:]

*Gut?*

[Yasmin macht das Zeichen für »besser« in Gebärdensprache, Mieze rät die Bedeutung:]

*Besser?*

[Yasmin macht eine internationalbekannte Handbewegung und führt ein schweres Glas zum Mund. Mieze rät die Bedeutung, aber nennt den Namen der Biermarke nicht!]

**Du kannst nicht nichtkommunizieren!**

[Yasmin hält die Hand mit hochgestrecktem Daumen zur Seite und macht eine weitreichende Armbewegung:]

*Per Anhalter durch die Galaxis?*

[Yasmin nickt begeistert, Mieze ist dran, ihr Gesicht friert regungslos ein und verschwindet fast unter ihrer Kappe:]

Vin Diesel?

[Mieze schüttelt verneinend den Kopf. Bitte weiterraten.]

Der Mann ohne Eigenschaften?

[Mieze nickt begeistert.]
[Yasmin macht sich groß und fällt dann in sich zusammen.]

*Stolz & Vorurteil?*

[Falsch, Yasmin macht sich nochmal groß und implodiert.]

*Die verlorene Ehre der Katharina Blum!*

**Du kannst nicht nichtkommunizieren!**
**Das heißt auch,**
**du kannst dich austauschen, weitergeben**
**Oder von Geschichten erzählen,**
**die in Büchern weiterleben.**

**Du kannst lesen. Auf dem Sender-Empfänger-Weg Spuren lesen und Semantik-Schnittflächen betreten,** denn, wer weiß, was passieren kann, wenn du dein Buch aufschlägst?

Wenn niemand »Harry Potter« gelesen hätte, wäre Dumbledore dann trotzdem tot?
*Wenn niemand »The Man who bought London« gelesen hätte, wären die Mieten trotzdem noch so hoch?*
Wenn niemand »Romeo & Julia« gelesen hätte, vielleicht lebten sie ja noch?
*Wenn niemand »Das Kapital« gelesen hätte, dann …*

Du kannst nicht nichtkommunizieren!
*Worüber du nicht reden willst, darüber kannst du lesen!*

https://www.youtube.com/watch?v=rqxDHwEw6eY

# Die Heldinnen der zweiten Reihe

Yasmin Hafedh

Zu diesem Text möchte ich kurz sagen, dass ich hier Zitate von ganz lieben Freundinnen eingearbeitet habe, die auf die Namen Mieze Medusa (was? Mieze in meinem Solotext? Ja, als Zitat!), Fatima Moumouni, Theresa Hahl und Ms. Lauryn Hill hören. Und ja Ms. Lauryn Hill kennt mich noch nicht, aber ich bin mir sicher, wir werden noch Freundinnen ...

Explosion und Feuer,
Autos fliegen durch die Luft.
Rauchwolken und Geschrei,
Aliens kommen,
Zombies sind auch dabei.
die Welt geht gleich unter,
der Himmel verfinstert sich,
Wind weht,
Menschen und Häuser verlieren das Gleichgewicht.
Alles stürzt ein.
Der Asphalt beginnt, zu bröckeln,
Glas klirrt, Schirme fliegen durch die Luft
und Menschen rennen panisch weg.
Straßenschilder fallen um
und man sieht keinen Ausweg mehr.

Doch da, hoch oben in der Luft, was ist das?!
Da kommt unsere Hoffnung her!
Iron Man fliegt herbei und rettet die Welt!
Superman fliegt herbei und rettet die Welt!
Batman fliegt herbei und rettet die Welt!
Spiderman fliegt herbei und rettet die Welt!
Hulk springt dazu und rettet die Welt!
Thor und Captain America fliegen herbei und spielen Frisbee und Hau-den-Lukas mit dem Hammer!
Scarlett Johannson ist auch da und verprügelt jemanden,
hilft also mit und muss Hulk nachher beruhigen,
damit der wieder zu Bruce Banner wird.
Brad Pitt fliegt herbei und tötet ein paar Zombies!
Und Vin Diesel überfährt irgendwen mit einem fetten Auto – der Gesichtsausdruck hält.
Und mit vereinten Kräften der Superhelden ist der Frieden wiederhergestellt,
dank ihnen haben wir sie wieder, unsere schöne Welt.

Und danach? Danach wird Pepper Potts, Lois Lane,
Mary Jane Watson und Jane Foster gedankt,
den Heldinnen der zweiten Reihe.
Die, die einen Platz in der Geschichte verdient haben,
aber nur einen kleinen.
Die Heldinnen der zweiten Reihe,
Die ziehen dich groß,
Die werfen dich unter Schmerzen in die Welt.
Die studieren, sind selbständig und verdienen immer noch nicht gleich viel Geld.
Diese Heldinnen, die ich meine, die heißen vielleicht Lise Meitner und entdecken die Kernspaltung,
Kriegen dann vor der Humboldt Universität das kleinste Denkmal, denn in der Mitte muss Helmholtz fett thronen.

Diese Heldinnen, die ich meine, die übersetzen sich in
das zweite Geschlecht und nennen es dann:
das andere.
Diese Heldinnen, die gehören auch noch vorne, die darf
man nicht verschweigen.
Diese Heldinnen gibt es, im Hier und Jetzt, und darüber
zu reden, das darf man nicht vermeiden.
Diese Heldinnen haben gesagt: »Ihr müsst verstehen,
dass niemand euch entdecken wird, weil niemand will,
dass ihr euch in die erste Garnitur verirrt«, und sie
hatten recht.
Diese Heldinnen haben gefragt, »ob ich wohl Spuren
hinterlass«, und ich kann die Frage beantworten mit:
Ja, liebe Mieze Medusa!
Die Heldinnen der zweiten Reihe, die gehören nach vorne,
die haben mir beigebracht, dass ich an mich glauben kann,
dass ich ein Recht auf Bezahlung habe,
dass ich machen kann, was ich will,
dass ich werden kann, wer ich will, und dass ich, egal,
was passiert, immer eine Schwester hab.
Dass du, wenn du sagst: »U been down to the river, and
you know how it feels to swim in a blues water«,
Auf meine Antwort hören kannst, wenn ich dir sage:
»Nein, liebe Fatima Moumouni, you were born
by the river und a change is gonna come!«
Dass du, wenn du sagst: »Lass uns nur ein halbleeres
Glas wieder volltrinken«, sicher sein kannst,
dass ich mit dir anstoße, liebe Theresa Hahl!
Dass du dich auf mich verlassen kannst, wenn du wen
zum Ausmalen brauchst.
Dass ich dich anrufen kann, wenn ich mich im Zehnten
verlauf.
Dass wir uns über Feminismus und Selbstbestimmung
unterhalten, bis eine Wespe daherkommt und wir
kreischend und hysterisch weglaufen.

Dass wir eine YouTube-Party machen und wir uns
besinnungslos besaufen.
Dass du mich immer ermutigst, wenn ich unsicher bin,
und ich genau weiß, wie es dir geht, weil ich höre, wie
deine Stimme klingt.

Es gibt so viele Heldinnen der zweiten Reihe, aber die
gehören nach vorne,
die darf man nicht vergessen, auch die sind zum Schaffen
auserkoren.
Diese Heldinnen, die Stutenbissigkeit nicht kennen,
die sich Schwestern und nicht Bitches oder Feindinnen
nennen,
Heldinnen, die sagen: »Don't be a hard rock when you
really are a gem« – danke, Lauryn Hill –
und die vor nichts und niemandem wegrennen.
Heldinnen der zweiten Reihe, die nach vorne gehören,
die eine Stimme haben und diese auch nutzen,
Die schreiben, verkaufen, ins Weltall fliegen oder putzen,
die gehört gehören, nicht nur auf Ö1,
Ich rede hier von Frauen, durch Heldinnentum vereint.
Und keine Sorge Jungs, wir nehmen niemandem etwas
weg.
Wir haben nur auch ein Recht auf ein Herrengedeck!
Und ruft mich eine Heldin an und bittet mich um Rat,
dann steh ich ihr zur Seite, auch mit Tat.
Und ist es nur eine Leggings, die du brauchst,
dann nehm ich sie dir mit, eine zweite auch.
Heldinnen der zweiten Reihe, die gehören nach vorne.
Und wenn du magst: »Ich hab ein Bier und will es teilen
mit dir, Schwester.«
Und ich weiß, kennest du »das Mittel gegen mein
Leiden, du würdest es heilen, Schwester.«

Aber vergiss nicht, dass wir uns unser Leid teilen,
  Schwester,
Und geteiltes Leid bleibt halbes Leid,
Auch in der zweiten Reihe, Schwester.

# Mieze, teilen wir uns ein Bier, Schwester?

Mieze, sorry, jetzt wird es emotional. Pathos, let's go!

Ich war 16 Jahre alt, als mir ein Rapper von Poetry Slam erzählte: »Die Mieze Medusa macht da was, da könntest du mit deinen Gedichten hingehen.«

Ich kannte »die Mieze Medusa« nicht, aber dachte, ich geh da mal hin – textstrom heißt die Veranstaltung. Beim ersten Mal habe ich noch zugeschaut, im Monat darauf war ich selbst auf der Bühne. Und »die Mieze Medusa« war so einladend und freundlich und ehrlich interessiert und hat mir gefühlt 20 Flyer in die Hand gedrückt und gemeint, da und da und da kannst du auch auftreten. Also bin ich da und da und da hingegangen und ihr damit öfter über den Weg gelaufen. Ein paar Monate später trat sie beim Protestsongcontest auf, der coole, hippe Radiosender FM4 übertrug diese Veranstaltung übertragen und ich hörte zuhause in der Badewanne zu. Am nächsten Tag hatte ich eine Schularbeit, sonst wäre ich wahrscheinlich auch hingegangen. Und dann rappte diese einladende, freundliche Frau, mit Beats und allem (ich hab da gerade auch meine Liebe für Hip-Hop entdeckt) und gewann die Veranstaltung. Und ich lag in der Badewanne und war unglaublich stolz, obwohl das ja natürlich gar nichts mit mir zu tun hatte, aber ich dachte: Alter, ich kenne diese Frau. Und sie kennt meinen Namen. Ur oag.

Fast forward ein halbes Jahr: Ich darf zu den deutschsprachigen Meisterschaften im Poetry Slam nach Berlin reisen. Ich bin immer noch 16 und erobere jetzt mit meinen Gedichten die Welt. Genau so habe ich mir das vorgestellt. Mieze hat mich dorthin geschickt, vorher noch meine Mutter getroffen und ihr versichert, dass sie auf mich aufpasst, und los ging es. Ich fühlte mich wie ein Rockstar. Und in meiner jugendlichen Arroganz war mir noch gar nicht klar, wie viele Bühnen diese Frau baut, nicht nur für mich. Aber ich bin noch 16 und sehe nur mich, also weiter im Text. Wir kannten uns beide noch nicht wirklich gut und es hätte auch weird sein können, also haben wir uns während der Meisterschaften nicht wirklich viel gesehen. Und ich war so dankbar, dass ich alleine Berlin entdecken durfte, und ich glaube, Mieze war froh, dass sie da jetzt auch nicht Freizeitbespaßung für eine 16-Jährige machen musste. Wir sind einmal an der East Gallery vorbeispaziert, da haben wir uns das erste Mal wirklich länger unterhalten. Ich habe über sie gelernt, dass sie in Innsbruck studiert hat, wie lange sie schon Poetry Slam macht und auch veranstaltet, dass das alles damals dort angefangen hat, und ich habe sie wahrscheinlich zugelabert mit meiner Liebe für Friedrich Schiller. Das war irgendwie ein Schlüsselerlebnis. Weil ich eben gemerkt habe: Diese Frau interessiert sich wirklich für mich, für Sprache, für Hip-Hop – also da gab es schon viele Überschneidungen bei uns.

Na gut, fast forward, der Karaoke Abend wurde ja schon erwähnt. Wir wurden also Freundinnen.

Und ich bin Mieze und dem Universum für immer zu Dank verpflichtet, weil eine bessere Mentorin im Slam-Game, ein besseres Vorbild und eine bessere Freundin kann man sich eigentlich gar nicht wünschen.

Mieze hat mich gefördert und mir Bühnen gebaut, mir Möglichkeiten gegeben, und es mir möglich gemacht, Künstlerin zu werden. Meine ersten beiden Alben sind auf ihrem Label erschienen, meine ersten Textveröffentlichungen wurden von ihr in die Wege geleitet, sie hat mir wirklich bei allem geholfen und das auch immer bedingungslos. Danke, Mieze.

Fast forward zu heute: Ich bin jetzt 32 Jahre alt, also erwachsen, möchte man meinen, und deswegen dreht sich auch nicht mehr alles um mich. Mieze, ich hab dir schon so oft beim Auftreten zusehen dürfen, deinen klugen Worten lauschen dürfen, bei deinen Witzen lachen dürfen und ich werde nicht müde. Ich denke an Tagungen, wo wir Rahmenprogramm machen, ich verkatert bin und du um 10 Uhr am Vormittag »Und wenn du magst, ich hab ein Bier und will es teilen mit dir, Schwester« sagst, weil du grad deinen »No, No, No«-Text performst, und ich einfach zu weinen anfangen muss. Aber nicht ob meines Katers und auch nicht, weil ich ein Bier will, sondern weil ich emotional bin, weil du mir seit Jahren vorlebst, wie gelebte Solidarität aussieht. Und natürlich, weil du eine fantastische Performerin bist. Ich denke daran, wie ich deine Bücher lese und mir denke – wie kann man mit Sprache so gut umgehen und dann auch noch Handlung und Figuren spannend machen? Like really? Wie geht dieses ganze Paket?

Und dann denke ich daran, wie wir das erste Mal einen Text schreiben. Der erste Text hat einen Abend gebraucht und war fertig. »Zugluft, Lärm und Monotonie«. Wir saßen an dem Abend auf meinem Balkon, haben YouTube-Videos geschaut und dann irgendwann angefangen, zu schreiben. Ich denke daran, dass du unzählige Menschen in die erste Reihe geholt hast, was ja schon ein Lebenswerk an sich ist, und es trotzdem schaffst, eine eigene Karriere auch noch am Laufen zu halten und stetig größer und toller zu werden, Romane schreibst, die ich gerne öfter lese (das passiert sehr selten bei mir), und aja, Musik machst du ja auch noch. Und ich kenne dein Geheimnis eh, Espresso. Habe ich auch von dir gelernt.

Ich ziehe den Hut, liebe Mieze, ich sage Danke, dass ich mit dir in einem Team sein darf, ich sage Danke für die Freundschaft, das Vertrauen und den Spaß, den wir miteinander haben.

Und wenn du magst, ich hab ein Bier und werde es immer teilen mit dir, Schwester!

Denn um einen meiner absoluten Lieblingssongs zu zitieren: »Es gibt so viele Wege zu gehen, immer noch!«

PS: Ich liebe ja das Mittel der Übertreibung, aber in diesem Text findet keine statt, und irgendwie werde ich allem, was ich dir sagen will, doch nicht gerecht. Wie gut, dass ich von dir lernen durfte, dass auch das okay sein muss.

# Dogma oder Poppen oder Popkultur

Kurz zu uns: Wir sind ein Slam-Team, aber wir sind auch privat richtig gut befreundet.

*Das ist eigentlich nur deshalb bemerkenswert, weil wir ja genaugenommen nicht gleich alt sind. Aber das sieht man ja eigentlich nicht … Ja, achso, deswegen erklär ich das jetzt Ihnen. Deshalb mussten wir uns halt zuerst ein bisschen kennenlernen und ein bisschen die Referenzrahmen vergleichen und das machen wir wie alle anderen auch …*

Genau, wir treffen uns und sagen, wir schreiben an einem neuen Text, und im Endeffekt schauen wir dann voll viel YouTube und zeigen uns so, wer wir sind.

*So ist der Text auch entstanden. Und folgendes Gespräch auch. Also ich war bei Yasmin und habe gesagt: Hey, Yasmin, was war eigentlich die erste CD, die du dir gekauft hast?*
Und ich hab wahrheitsgetreu geantwortet: Tic Tac Toe, Muthafucka.

*Und ich hab wahrheitsgetreu gesagt: Oida! Die sind voll scheiße!*
Und dann hab ich gesagt: Nein! Sind sie nicht! Die waren urcool und außerdem war ich 5. Was hast du denn damals gemacht?
*Matura!*

*There's a little story that must be told* / This a little story all about how ...

**Es ging um:** *Jogging High* / Nike Air.
**Es ging um:** *Golden Girls* / Sex in the City.
**Es ging um:** *PJ Harvey* / Amy Winehouse.
**Es ging um kussechten Lippenstift und Mascara für 1001 Nacht.**
**Der Lipgloss schmeckte nach** *Vanille* / Erdbeer.
**Es ging um:** *Vespas* / Segways.

**Es ging um:** *Myspace* / Facebook.
**Es geht immer irgendwie um YouTube.**

*Hey, Yasmin, dein Internet ist so langsam, das erinnert mich an meine Jugend!*

In deiner Jugend gabs schon Internet?

*In meiner Jugend war Michael Jackson Schwarz.*
In meiner Jugend war Michael Jackson weiß.
**Michael Jackson ist tot**
**Und heute wissen wir nicht mehr, ob wir ihn noch hören wollen.**

If you want it, ah!
*You got it, ah!*

**Cyberpunk ist voll** *Science Fiction /* Voll der Classic.
**First Female MC Super Dooper Girl Band:** *Salt 'N' Pepa /* Tic Tac Toe.
**Demi Moore liebte** *Bruce Willis* / Ashton Kutcher,
**Justin Timberlake liebte** *Britney Spears* / Jessica Biel.
If you want it, ah!
*You got it, ah!*
**Es ging um:** *Acid Rain* / Purple Rain.
**Es geht immer irgendwie um den Regenwald.**
**»It's such a shame our friendship had to end«,**
**Regenwald, Regenwald, oh yeah!**
**Es ging um:** *Golfkrieg 1* / Golfkrieg 2.
**Wir demonstrierten gegen:** *Jörg Haider* / George W. Bush.
**Machen Sie eine typische Handbewegung: [beide strecken der Welt den Mittelfinger entgegen].**
*Es ging darum, Missstände aufzuzeigen!*
*Müllberge*, ey, da bin ich voll dagegen!
*Tierversuche*, ey, da bin ich voll dagegen!
*Atomstrom*, ey, da bin ich voll dagegen!
*Joghurt in Gläsern*, ey, da bin ich voll dafür!
*Bier in Dosen!* Ey, bin ich jetzt voll ... Ist mir wuarscht.
*Folter*, ey, da bin ich voll dagegen!
*Noch irgendwas voll Ungerechtes:* Ey, da bin ich voll dagegen!

**Ich bin dagegen, denn ihr seid dafür!**

**HIV –**
**if you don't want it, ah!**
**Don't do it, ah!** [Yasmin bekreuzigt sich.]
**But if you want it, ah!**
**You got to use it – ah!**

[Wir machen Handbewegungen, als würden wir einer Klasse im Sexunterricht beibringen wollen, wie man einer Banane ein Kondom überzieht.]

Und weißt du, ich hab mich wochenlang auf den Maturaball vorbereitet. Ich war urverliebt in den Prager Max und der Prager Max war auch dort. Dann hat er mich den ganzen Abend ignoriert oder so getan, als hätte er mich nicht gesehen. Und ich hab mich urhübsch gemacht für ihn und daaaaannnnn um 4 in der Früh ist er dann gegangen und da hat er mich dann gesehen und weißt, was er dann gemacht hat? Er hat mir zur Verabschiedung die Hand gegeben.

*Das ist eine Erinnerung, das war mal wichtig!*

*Und weißt du, ich bin den gaaaaaaannnnzen Abend vor dem Radio gesessen, mit Kassettenrekorder und hab alles aufgenommen und so Mixtapes gemacht. Mein Bruder hat sich dann einfach die Kassette genommen und irgendeinen Springsteen-Scheiß darüber aufgenommen, nur weil ich die Eckerln oben nicht rausgebrochen hab, man nannte das damals Kopierschutz, und dann hat er gesagt, ich solle mich nicht so anstellen, weil der Boss, das ist noch richtige Musik, nicht so ein Kuschelrockscheiß.*

Und das ist eine Erinnerung, das war mal ein Grund zum Heulen!

**Es ging um Texte schreiben mit Pathos, hau noch den Mond hinein und schau, dass es sich reimt**

**Mondlicht / Memories,**
**Schau hinauf in das Mondlicht / Turn your face to the moonlight.**

**Ich weiß nicht, wie der Text geht / I can smile at the old days,**
**Doch ich google das nicht / I was beautiful then.**
*Ich bin sehr alt, ich weiß sogar noch, was Erinnerung ist.*

Alles wiederholt sich, *alles kehrt wieder,*
**Heute tragen wir wieder:**
**Neonfarben, Lederjacken, Cocktailkleider, Jutebeutel,**
**Mèchen, Bleichen, Plattformschuhe, Sixties-Muster, Beehives,**
**Dauerwelle, Vogelnester, Vokuhila, Sturmfrisur,**
**Netzstrumpfhose, Pagenkopf, Minipli in Platinblond.**

Alles wiederholt sich, *alles kehrt wieder,*
**heute reden wir wieder über:**
**Liebeskummer, Eisessen, Aufregen, Buchlesen,**
heimlich rauchen, *heimlich trinken,* **in der Dusche laut singen,**
**Welt verändern, Weltschmerz, Welt bleibt gleich, ablenken,**
**gemma Demo, gemma Lugner, Regenwald, Regenwald.**

Wir kaufen nur Baumwolle von Menschen, die auch wirklich Baumwollepflücker werden wollten.
*Ich wollte neulich wirklich auf diese feministische Demo gehen, aber ich hab echt nichts zum Anziehen gehabt.*
Der eine Rapper hat doch eh gesagt, dass die Nikes jetzt auch von glücklichen Kindern produziert werden.
*Für meine Nichten kauf ich Tetris nur als Holzspielzeug.*

**Wir werden die Welt nicht verändern, müssen jeden Tag Entscheidungen treffen,**
**Zwischen Demo oder Shoppen, zwischen Dogma oder Poppen oder Popkultur,**

**Zwischen Slammen oder Geld verdienen, erkennen oder Welt erliegen,**
**Fan sein und sich selber lieben, Talenten oder Justin Bieber.**
**Du willst die Kopie einer Kopie kopieren, verlieb dich lieber!**
**Probier mal wieder neue Lieder, wiederhol nicht jetzt schon wieder**
**Wieder nur die alten Lieder, hör mal Yasmo, hör mal Mieze,**
**Schlag die Niederlagen nieder, sag: »Ich pass nicht in das Mieder!«**
**Geh doch Skifahren nach Florida,**
**Sei doch bitte nicht so bieder,**
**Krieg mal deine Augenlider**
**Wieder höher, nicht so nieder,**
**Schräger als der Turm von Pisa.**
**Leb doch gern ein bisschen fieser**
*mit mehr Mut,*
mit mehr Herz,
*mit mehr Wut,*
mit mehr Schmerz.
Herz, Schmerz, Mut, Wut?
Huch, jetzt kommt die Reimpolizei, hamma a Genehmigung?
*Sie kennan ja ned afoch sowas daherreimen, Herz, Schmerz!*
**Wo kommen wir denn da hin?**

*Wir kommen hier nicht mehr weiter.*
In dieser Retro-retro-retro-Individuvintage-something-Welt
Können wir uns keinen Reim mehr drauf machen,
Aber jede Menge Geschichten davon erzählen:

*There's a little story that must be told /* This is a little story all about how ....

https://www.youtube.com/watch?v=eEKwRqprFpU

# Von wem lernen, wenn nicht von der Jugend?

Was mir an Poetry Slam gefällt? Es ist ein Ort des Zusammentreffens: Ich selbst hab zwei große künstlerische Lieben in meinem Leben: Literatur und Rap. Aber auf die Slam-Bühne wollen natürlich bei Weitem nicht nur Menschen, die gerne literarisch arbeiten. Es ist auch nicht gerade so, dass Spoken Word in der deutschsprachigen Slam-Szene automatisch so klingt, als hätte die performende Person schon mal ein Rap-Album gehört.

Wer tritt bei Poetry Slams auf: Leute, die Literatur mögen. Leute, die keine Literatur mögen, aber schon mal ein Buch aus der Ferne gesehen und beschlossen haben, es auf keinen Fall zu lesen. Aber sie schreiben gern, sie wollen was erzählen. Leute, die gern schauspielern, und ein Text findet sich schon. Leute, die Comedy mögen oder andere Arten des Kabaretts. Leute, die irgendwas mit Insta oder TikTok oder Whatnot machen. Alles super. Wo kämen wir denn hin, wenn sich die Kunst nicht mehr an Orte traut, wo es wurlt wie in der Ursuppe, und gleich hauen sich wieder ein paar Aminosäuren auf ein Packerl und haben große Pläne.

Dennoch natürlich: Sehnsucht! Nach einer Gleichgesinnten, die das Gesamtwerk von Jean Grae oder Bahamadia interessiert, die ebenfalls ausrastet bei dem Gedanken, dass Akua Naru bald wieder nach Wien kommt, die mir erklären kann, was genau an Beyoncé so toll ist, weil in meiner Generation der Hip-Hop-Liebe war Sell-Out ein Vorwurf, kein anerkennendes Schulterklopfen à la »Hey, da verkauft noch wer Platten, cool!«.

Auftritt: Yasmin Hafedh!

Die mit Glitzeraugen zu ihrem ersten Auftritt zum textstrom-Slam kommt, auftritt, rockt und das nächste Mal sofort wieder. Die sich auf Bühnen stellt, als hätte endlich jemand die Welt so umgeräumt, dass es endlich passt, und dennoch mit großer Sorgfalt an den Wörtern feilt, die sie auf die Bühne bringt, damit die auch passen. Die beim allerersten Ö-Slam, das sind die österreichischen Meisterschaften in Sachen Poetry Slam, 2007 im Wuk Dritte wird, 2009 in Düsseldorf als erste*r Österreicher*in den Sieg in der Kategorie U20 bei den deutschsprachigen Poetry-Slam-Meisterschaften und 2013 in Salzburg als erste Frau den Ö-Slam gewonnen hat. Schaut mal, ironischerweise sind beim Poetry Slam die Siege gar nicht das Entscheidende. Die Qualität ist wichtiger.

Und dann geht's steil: Festivals bespielen wird zu Festivals bespielen UND kuratieren. Eigene Platten in schneller Folge, das Aufbauen des Bandprojekts »Yasmo & die Klangkantine«, weil ... Wer könnte in einem kleinen Land wie Österreich eine subkulturell verankerte Big Band realisieren, wenn nicht Yasmin Hafedh gemeinsam mit Ralph Mothwurf und Tobias Vedovelli? Die Big Band hat alles: Bühne, Airplay, gescheite und lyrische Texte, keine Angst vor Jazz, keine Angst vor neuer Musik und große Lust an der Suche nach dem nächsten Banger!

Es gibt wenig Menschen, auf die ich so stolz bin, wie Yasmo. Ein Beispiel, das es illustriert. 2017 gab's auf der Wiener Institution »Donauinselfest« ein Falco Tribute auf der Hauptbühne. Der Platz davor war bis zum Rand gefüllt. Fernsehkameras, überlebensgroße Falco-Visuals im Hintergrund, auf die Sekunde getakteter Zeitplan. Im Gegensatz zum legendären Falco-Gig von anno dazumals hat es nicht aus Kübeln geregnet. Yasmo natürlich als famous Wienerin mit dabei. Ein halbes Jahr später schauen Coach Markus Köhle und ich das Tribute im Fernsehen an, weil wir on Tour sind, keine Lust auf Draußen haben und nichts Besseres vor. Und sehen auf diesem Fernsehbildschirm, der nichts verzeiht, was bei einigen Kolleg*innen durchaus zu sehen war, eine strahlende, textsichere Yasmo, die den Song »Männer des Westens« und die Riesenbühne rockt, als wär das ein gemütlicher Verdauungsspaziergang nach dem Mittagessen.

Markus und ich lächeln uns an und sagen: »Von uns hat sie das nicht!«

Es ist beileibe nicht mein Lieblingsauftritt von Yasmo, schon allein deshalb, weil ich sie mir lieber abendfüllend als kurzauftretend anschaue, mit der großen Ausnahme von: Poetry Slams!

Aber es ist der Auftritt, der mir klargemacht hat, was Yasmin besser kann als fast alle, die ich kenne: Sie kann vor Auftritten ein so klares Bild vom Gelingen entwickeln, dass sie auf jeder Bühne Flowmomente abrufen kann, die uns atemlos und freudig zusehen lassen. (Das, übrigens, ist ein Bossmove, das können wir uns abschauen, wenn wir können!)

Aber jetzt sag ich euch, was ich an Yasmin mehr liebe als ihr Talent, ihre Begeisterung und ihr Können. Sie legt die Ansprüche, die sie an sich selbst hat, nicht auf uns andere um. Sie sieht, welche Bilder für uns Gelingen darstellen. Ob uns Wortwahl oder Performance wichtiger sind, ob wir einfach nur gern labbern. Ob wir gern Kassadienst machen, weil wir die Szene cool finden. Ob wir gern die Sperrstunde nach hinten schieben, als gäbe es weder ein Morgen noch ein Übermorgen. Sie prüft uns nicht an ihren Vorstellungen von Leben und/oder Karriere, sie hört uns zu, was wir über unsere Vorstellungen von Leben erzählen und schaut, ob wir Frieden damit haben. Wenn ja, leiwand. Wenn nicht, redet sie Klartext ohne Ansprüche darauf zu erheben, ob wir ihr auch zuhören. Weil: unser Leben, unsere Entscheidung.

Das, liebe Menschen, die das lesen, ist eine der klügsten Herangehensweisen an Zwischenmenschliches, die ich kenne.

# Weltuntergang? Ich glaube nicht!

**Was passiert mit Interrail?**

*Rucksack packen, auf Parkbänken schlafen ist nicht mehr gut genug für die Kids.*

Muss jetzt immer gleich nach Shanghai. Oder Bali. Oder Goa.

*Is scho goa die Wöd oder geht noch a Meter?*

Das könnte man übersetzen. Verliert aber.

*So wie das Flugzeug an Höhe verliert, beim Landeanflug.*

So wie das Niveau an Höhe verliert, bei GNTM oder Schwiegertochter gesucht.

*So wie man den Faden verliert, mitten im …*

**Wo waren wir gerade?**

*Und sie haben ja recht damit, dass sie sich die Welt anschauen, solange sie noch steht.*

*Venedig!*

Great Barrier, sheesh!

*Was geht noch unter? Atlantis!*

Die Philippinen!

*Das Abendland:* metaphorisch.

*Die Niederlande:* in echt.
**Macht ja nichts!**
*Spielen wir halt Unterwasserfußball, reißen trotzdem die Österreicher nix.*
Also fliegen wir mit unseren Frequent-Flyer-Meilen rund um die Welt unter dem Motto:
**Besuchen Sie den Strand, solange er noch steht.**

*In der Zwischenzeit in Amerika:*

Look! If you had one shot,
One opportunity
To fuck up the whole planet,
Would you capture it, or would you let it slip?

**His palms are sweaty, alle sind so mean zu ihm, er tweetet was, oh forget it!**
**Dass alles so komplex ist, Handshake mit Merkel, mah, he's a proper sexist.**
**Er will die Muslims so wie Steve verbannen, leugnet den Klimawandel, er ist Fan von Brexit**
**Und will niemals gendern, Pussys werden belästigt.**
**He drops bombs, but he keeps on forgettin'**
**What he wrote down, the whole crowd goes so loud,**
**He opens his mouth, heiße Luft kommt raus,**
**Die Erde heizt sich auf, Alternative Fact: Wir sterben bald aus!**
**Es ist so sad, wie er postet: 140 Zeichen voller Doofness.**
**Covfefe, Fake News, Trumpgate, Fuck! Den hat echt wer gevotet?!**
**2 vor 12 auf der Doomsday Clock, time's up, over, blaow!**

**Snap back to reality, Schluss mit Diversität,**
**Schau mal, wo das Meer schon steht, Wasser bis zum Hals**
**Ist ihm egal, weil er doch glaubt, dass er auf Wasser geht.**
Hat so viel von Gott geredet, dass ihn sogar der Papst verschmäht!
**Wos moch ma jetzt?**
*Hamma a Idee?*
Kann sich da bitte irgendwer was Gscheites einfallen lassen?
*Sowas in die Richtung: A klaner Schritt für mi, a großer Schritt für die Menschheit?*
Oder eh alle so: Na, is mir wurscht!
*I hau n Huat drauf!*
Macht ja nix.

Merksatz:
**Wenn die Welt untergeht, dann zieh nach Wien,**
**Dort geht sie 50 Jahre später unter.**

**Wien**, die Stadt wo man an Spritzwein trinkt,
Wo man sinniert, wo man mal schaut, wo man Bilderbuch singt,
*Wo man herzhaft und wos Guades isst,*
Denn: Mama kocht für alle, Mama kocht für mich und dich.
**Wien**, wo ma ois ned so ernst nimmt,
Wo ein Kaffee noch ein Kaffeetscherl ist,
*Wo du statt 'nem Brötchen noch a Kaisersemmel kriegst,*
Wo eine Wurst a Wiaschtal ist
*Und wo es keinen Späti gibt*, weshoibsd imma am Wiaschtler bist.

**Wien**, *wo man die Künste feiert, sobald die Künstler auf dem Zentralfriedhof liegen.*
Und wo man beim Österreich-Ungarn-Spiel fragt: »Gegen wen müssen sie siegen?«

**Wien**, *wo noch nie die deutschsprachigen Meisterschaften des Poetry Slams stattgefunden haben, und womöglich niemals stattfinden werden, weil … Warum?*[2]
Na, frage nicht!
*Ich mein, Schmäh ohne!*
Des is jo des!
Genau des is des nämlich, mit der Wiener Vertröstungsstrategie
*Und der Verdrängung …*
**Weltuntergang? Ich glaube nicht!**

Ein echter Wiener geht nicht unter. Und wie macht er das?
*Er verliert seinen Meerzugang beim aristokratischen Poker und warum soll's ihn jetzt kümmern, wenn der Meeresspiegel steigt?*
Der Wiener macht ab jetzt Sommerfrische in den Alpen.
**Wos kost die Wöd?!**
Wir rücken dem Weltuntergang auch sprachlich zu Leibe,
*Weil … So groß kann eine Katastrophe gar nicht sein, dass man aus ihr kein Katastropherl machen kann.*
Kann?
*Kennad!*
Könnte!
Der Wiener schreibt den Konjunktiv groß **und dann mach ma Mittagspause.**
Es geht ein Gespenst um in den Schaltzentralen der Wiener Macht und es sagt:
**Mahlzeit! Mahlzeit! Mahlzeit!**

2 Hat dann 2022 doch geklappt!

Und wenn es uns wirklich reicht, dann reagieren wir so:

Gscheit bist überhaupt net und du bist ka Oberhaupt net,
Bist a Frühstücksdirektor, eine Person und dich braucht's net.

*Oba wir wollen ja nicht schimpfen.*

Und es stimmt ja schon auch: Jeder hat sein Packerl zu tragen und seinen Rucksack ...
*Wir werden weniger: Jedes Jahr sterben 58 000 Arten aus*
Wir werden mehr: Am 31. Oktober 2011 ist der siebenmilliardste Mensch gezählt worden. Wir schreiben das Jahr 2023.
*Was kost die Welt?*
**Es kostet uns die Welt ...**

**Und die Gewässer dieser Erde gonna RISE UP!**
**Und die Entrechteten der Erde gonna RISE UP!**
**Und das Erdöl dieser Erde gonna DRY UP!**
**Und die Sonne, die wird größer, we gonna FRY UP!**
**Und die Stimmen, die sich erheben, werden LEISER,**
**Leiser, leiser, heiser, heiser.**

Und wie kommen wir jetzt aus der Nummer wieder raus?
*A Mundl-Zitat?*
A 5/8erl-Zitat?
*A Falco-Zitat?*
Muss ich denn sterben, um zu leben?
**Oder es fällt uns selbst etwas ein.**

https://www.youtube.com/watch?v=ACwDJPovrDg

# Ich will euch spüren!

Mieze Medusa

Unter dem Bett das Ding mit der Angst. Die Tiere sind unruhig, aber wer ist schon auf Dauer gern unruhig. Wir hören nicht hin. Stellen die Angst in uns auf stumm, Netflix und chill mal, Alter!

Wir trinken Alkohol, als wär's Medizin. Es liegt eine gewisse Ironie darin, pass auf! Und denk dir das durch: Menschen mit Waschzwang haben irgendwie einen Punkt dieser Tage.

Menschen, die gern planen, haben wenig zu lachen, dieses Jahr.

Menschen im Internet drehen durch, kann man nichts machen, blablabla.

Was ist Vernunft?
Was ist als Treiben zu bunt?
Was ist Zukunft?
Was ist gesund?

Wenn du mich vor fünf Jahren gefragt hättest, wo ich heute stehen würde, hätte ich gesagt, auf einer Bühne hoffentlich, und schau mich an, huch, stimmt ja, da bin ich, was für ein Glück, und ich bin unfassbar dankbar für jedes Fitzelchen Stabilität in meinem Leben, aber hätte mir wer gesagt, dass die Bühne mein Zimmer in Ottakring sein würde, ich im Supermarkt eine Maske tragen werde, mir die Hände zum xten-Mal diesen Tag wasche, seit Monaten niemanden mehr umarmt haben werde, außer meinen Ehemann, mir jede Zugfahrt dreimal überlege, theoretisch richtig gut an meinem aktuellen Romanprojekt arbeiten könnte, immer dann, wenn ich grad nicht mit offenem Mund vor dem Fernseher/dem Internet/der Zeitung gesessen bin und mich gefragt hab, 2020, was ist mit dir? 2021, such dir deine Inspiration anderswo, aber bitte nicht im Jahr 2020!

Weil sich von einem Tag auf den anderen alle meine Termine und damit auch alle meine Einkünfte im Kalender in Luft aufgelöst haben, ... (Verweis auf den #Büchertisch. #supportyourlocalartists #kaufimBuchhandeldesVertrauens #wirwerdendieSteuernnochbrauchen ...). Ich hätte wahrscheinlich gesagt: »Wie bist denn du drauf? Komm mal runter, chill, Alter! Schneller Themenwechsel? Hast schon gesehen? Es regnet in Strömen und eine neue Staffel vom heißen Scheiß gibt's jetzt auf Netflix.«

Unter dem Bett das Ding mit der Angst. Die Tiere sind unruhig, aber wer ist schon auf Dauer gern unruhig. Während ich das schreibe, sind in meinem Mail-Account zwei Absagen für den kommenden Herbst eingetrudelt. Meine beruflichen Pläne haben aktuell eine Haltbarkeit wie frisch gepresster Apfelsaft. Schmeckt erst mal richtig leiwand, also zwei bis drei Tage, dann gärt er und dann speibst du nach dem Trinken.

Es schaut so aus, als hätte ich eine reale Chance, dieses Frühjahr mein aktuelles Romanprojekt fertigzustellen. Ich denk jetzt einfach mal nicht an den Kontostand, weil ... Eat this, 2020, eat this, 2021, ihr Horrorjahre, finanziell bist du gar nicht das größte Arschjahr. Ich hab schon einiges erlebt und dabei einiges gelernt. Mein Freundeskreis und ich sind allwissende Müllhalden und der beste

Telefonjoker in der Quizz-Show namens »Und davon kann man leben?«.

Nur fühlt sich unser aller Leben grad an, als säßen wir in einer Achterbahn kurz nach dem Peak. Wir haben keine Sicht über Dauer und Länge der Talfahrt, was auch egal ist, weil, die Antwort auf die Frage, ob und wie wir das überleben werden, wird nicht durch Gefälle oder die Kurven des Lebenswegs beantwortet, sondern durch die Frage, wann der TÜV das letzte Mal die Verschraubungen und Schweißnähte überprüft hat. Der TÜV sind wir. Wir haben ja alles. Wohlstand, Krankenhäuser, Internet, Weltuntergang, eine demokratische Verfassung und uns. Warum geht es also schief?

2020 ist so viel sichtbar geworden.

2021 wird uns vieles immer klarer:

Wir haben vor der Pandemie gewusst, dass es in Europa Flüchtlingslager gibt, die überfüllt sind, und dass wir da was machen müssen.

Wir haben vor der Pandemie gewusst, dass wir abhängig von der Care-Arbeit von schlechtbezahlten Frauen aus dem Ausland sind, und wir haben zugelassen, dass ihnen unter Hassreden die Kinderbeihilfe gekürzt wird.

Wir haben vor der Pandemie gewusst, dass in Europa und auch in Österreich bei den Erntehelfenden Zustände herrschen, die von Sklaverei nicht weit entfernt sind.

Dass wir denken, Karotten seien orange, ist eine Entscheidung des Markts.

Karotten sind so regenbogenbunt wie die Geschlechteridentitäten und die sexuellen Vorlieben von Menschen, aber sag das mal dem Supermarkt!

Dass wir denken, es gebe nur Mann und Frau und es gibt nur eine richtige Art von Familie, ist ein Mythos, aber sag das mal der ÖVP und seiner Sebastian-Kurzsichtigkeit.

Wie habe ich mal gesagt?

Wir haben die Signale gehört, uns umgeschaut und
schlau gemacht.
Die Fakten sind am Tisch und ich muss sagen, wir sind
aufgebracht!
1 Prozent will alles und der Rest muss sich um Krümel
streiten,
wenn »solidarisch« jetzt ein Schimpfwort ist, wird aus
guten Zeiten schlechte Zeiten!
Zeig nicht mit dem Finger auf die andern, weil sie anders
sind,
bring die Verhältnisse zum Tanzen, bis der Verstand
bestimmt,
dass Politik, die auf Angst setzt, halt nichts kann, weil sie
im Sand verschwimmt.
Wenn Fundamente nur noch wanken, stellt's euch
z'samm, bis wir beinander sind!

Unter dem Bett das Ding mit der Angst. Aber unter dem Bett will ich die Angst nicht. Ich will Bücher unter meinem Bett und ein bisschen Staub von mir aus. Ich will meinen Ehemann umarmen, aber wirklich nicht nur ihn. Ich will meine Eltern ohne Sorge besuchen können.

Ich will meine Szene auf der Bühne sehen, euch zuschauen, wie ihr Texte schreibt und leiwande Performances abliefert. Ich will euch spüren. Ich will auf euren Blogs von euren Reisen und Abenteuern lesen. Ich will, dass ihr eine Chance habt auf ein entspanntes Studium oder auf ein Gap-Year. Ich will, dass ihr euch traut, Fragen zu stellen, alles infrage zu stellen. Aber ich will auch, dass ihr darauf achtet, ob das YouTube-Video mit Bill Gates dies und die Wahrheit über den Impfzwang das und so weiter nur eure Ängste füttert …

Ich will, dass wir der TÜV sind. Ich will auf einer Bühne stehen und laut sagen: Unter meinem Bett ist das Ding mit der Angst.

Aber Angst ist nur Angst und Achterbahn ist nur Achterbahn und wir alle sind der TÜV.

# We do this for the culture

Slam-Team sein ist schon auch Luxus. Wir können zu zweit reisen, die Welt entdecken, Bühnen bespielen und dann die Gage beim Shoppen ausgeben. Für ein T-Shirt reicht es meistens, mit etwas Glück ist es sogar Fairtrade.

Soll heißen: MYLF ist nicht unser Hauptberuf, wir sind dazu noch Autorinnen, Performerinnen, Musikerinnen, Kuratorinnen und alles, was in diese Kultursparten eben noch passt. Aber wir sind auch Slam-Team.

Über Slam-Teams sagt man oft, es sei die König*innendisziplin im Poetry Slam und ich (hallo, Yasmo wieder da) glaube, zu wissen, wo das herkommt. Wir treten als Team vor unsere Kolleg*innen und wollen natürlich auch zeigen, was wir können. Wir wollen flexen (ich glaube, das ist Jugendsprache) und wir meinen das ernst, wenn wir sagen: We do this for the culture. Slam sind immer viele. Slam ist keine Soloshow. Slam ist ein Ensemble. Und deswegen lieben wir dieses Format auch so sehr. Dasselbe gilt natürlich für ein Slam-Team. Wir sind viele. Auf der Bühne und im Schreiben sind es natürlich Mieze Medusa und ich.

Aber hinter der Bühne gibt es noch den Coach – Markus Köhle. Und der berät, sagt uns, wo wir im Text stolpern, gibt uns Feedback, mit dem wir arbeiten können. Und Feedback ist so unglaublich wichtig beim Erarbeiten von Texten, von Performances, dass man als Team wirklich einen Coach braucht. Klar, wenn ich alleine einen Text schreibe, gehe ich zu Mieze und frage sie um Feedback. Wenn ich aber mit ihr einen Text schreibe, geht das nicht. Unser Fokus ist dann so stark im Text, dass wir möglicherweise beide einen Tunnelblick entwickeln und das bigger Picture gar nicht sehen. Auftritt: Markus Köhle. Bester Coach seit Anbeginn der MYLF-Saga – Markus hat immer einen Blick für das große Ganze und hilft uns immens, und wenn der Text eh passt, dann macht Markus Kaffee für uns. Auch gut! Markus ist übrigens ebenfalls ein großartiger Autor und Wegbereiter der österreichischen Poetry-Slam-Szene, also danke, Papa Slam. Und ihr checkt ihn bitte aus.

Ein weiterer großartiger Autor und seit 2022 auch im Coaching Team von MYLF – Henrik Szanto. Wir dachten uns, wir erweitern unser Team, Henrik ist nun Taktik Analyst bei uns, und wir danken auch Yannick Steinkellner, dass er uns Fußballwörter gesagt hat. Außerdem war Markus Köhle nicht beim Ö-Slam in Dornbirn, weil er in Wien die Stellung halten musste.

Eine der Besonderheiten in diesem ganzen Slam-Kosmos sind die Begegnungen, die man macht. Und in einem Slam-Team ist das alles nochmal auf die Spitze getrieben. Mieze und ich kennen unsere Stärken und Schwächen in- und auswendig. Und das hat natürlich seine Zeit gebraucht, aber heute geht es so schnell und unkompliziert, dass wir einander sagen können »Hey, Mieze, da vielleicht noch so ein Lyrikteil« und ich weiß, ich lass sie zehn Minuten in Ruhe und sie schreibt einen großartigen Lyrikteil. Oder auch umgekehrt – hat jemand Pathos gesagt? Auftritt: ich. Haha.

Oder auch: Eine von uns schreibt einen Teil in einem Text, und wie später noch erwähnt wird, wandern dann Zeilen. Es gibt Sachen, die kann eben eine von uns besser als die andere, und das zu wissen, ist Gold wert.

Was wir beide können, weil wir so eine Freude damit haben, ist Bühne. Darf man das sagen? Ist das jetzt eh nicht anmaßend? Ich sage nein, das können wir.

Also: Licht an, Bühne, we do this for the culture!

# Lockdown, Lähmung, Leben, Boom! oder Still MYLF

**Wir löschen jetzt alles.**
Die ganzen gelernten Kochrezepte – delete. *Are you sure?* Yes.
*Die ganzen zu Bruch gegangen Tassen und Teller* – delete. *Are you sure?* Yes.
Die ganzen zu Bruch gegangen Pläne und Träume – delete. *Are you sure?* Yes.
*Die ganzen Strategien zum Kitten – delete.* Are you sure? *Yes.*
Den Ex-Boyfriend von der PlayStation – delete. *Are you sure?* Hell, yes!
**Wir legen jetzt wieder los.**
**Ein Sommer wie damals:**
*Festivals.*
Vögeln.
Freedom!
*Urlaub am Meer.*
Urlaub auf Balkonien.
*Das ganze Ersparte rausballern, weil … frisst sonst eh die Inflation.*
Nom, nom, nom, lecker Geld!

**Endlich dürfen wir wieder:** On the road sein.
*(Oje, Stau! Was machen die alle hier außer: das gleiche wie wir.)*
**Endlich dürfen wir wieder**: Schmusen, ohne nach dem PCR-Test zu fragen.
**Endlich dürfen wir wieder**: *Hey, du hast Durst? Magst einen Schluck von mir haben?*
**We do this for the Culture.**
**Fix ist, es ist alles beschreibbar,**
**Das Leben ist auf Bühnen entfaltbar,**
**Next Level erreichbar,**
**Austausch, Vernetzung, neue Texte am Start.**
**Was gut ist, bleibt da, der Rest kommt ins Altglas.**
**Die Prise Zweifel ist auch da,**
**Bisschen Zittern vor dem Auftritt, bisschen Blabla, eh klar.**
**Bisschen Angst, wenn wer »Geht sich das aus?« fragt.**
**Was für ein Scheißjahr!**
**Die Szene ist trotz Krise stabil,**
**Danke an alle, die da warn, als es kalt war.**
**Wir sind gekommen, um zu bleiben, und jetzt ist der Beweis da.**
**Wir sagen Licht an, Bühne, Slam 22 kommt endlich nach Wien!**
**Holt euch ein Ticket, sagt's weiter, denn Freude ist teilbar,**
**Fernweh ist heilbar,**
**Die Welt ist mit Öffis erreichbar.**
**Wir sagen Licht an, Bühne, we do this for the Culture!**

*Aber ganz ehrlich, Yasmin, nach so ein paar Stunden im Zug brauch ich inzwischen ein ganzes Massageteam.*
Du, ich hab mittlerweile ein ganzes Massageteam!
**Jössas, sind wir alt!**

Ich bin Wieviel-ist-das-in-Schilling Jahre alt.
*Wir sind 2000-geht-die-Welt-fix-unter-wegen-dem-Y2K-Bug Jahre alt.*

[Yasmo summt den Beat eines sehr bekannten Hip-Hop-Classics, Mieze channelt ihren inneren Snoop Dogg.]

*Ich sag: Das Jahr 2000 ist schon wirklich lang vorbei.*
**Stimmt!** *Wir haben Wege, die wir frequent fly'n.*
**Stimmt**! *Die Welt im Oarsch und wir fühl'n den Scheiß.*
**Schreiben Texte,**
**Glauben, es hilft:**
**Es ist das Team MYLF!**

Wann geht die Welt jetzt wirklich unter?
Die Mayas? Lagen daneben.
Klimawandel? Passiert grad eben.
Zombieapokalypse? Jo eh!
Die good old Classics: Krieg, Gier, menschliches Versagen?
*Story often told:*
»Ach, hätt ich!«
*»Gib mir!«*
**BOOOOOOM – unendliches Anklagen!**

*Wikipedia weiß:*
Nach einer Phase der Ausdehnung könnte sich das Universum wieder zusammenziehen. Das ist das Gegenteil vom Big Bang, man nennt es Big Crunch.
*Oder die Raumzeit reißt irgendwann auseinander:* Big Rip.
*Oder das Universum dehnt sich für die Ewigkeit aus:* Big Chill.
Bitte, das sind doch alles Burger beim Mäci?!
*Bitte keine unbezahlte Werbung für einen internationalen Ausbeuterkonzern!!!*
Bitte, das sind doch alles alte Ideen!

**Wir löschen jetzt alles!**
Die ganzen alten Gewohnheiten, die man eh nicht mag – delete, *Are you sure?* Yes.
*Die ganzen Ängste vor der Zukunft – delete,* Are you sure? *Yes.*

Wir legen jetzt wieder los.
Wir sagen, das war jetzt Lockdown genug.
Lähmung genug.
**Leben, losgehen, Boom!**

**We do this for the Culture.**
You could've been anywhere in the world, but you're here with us – we appreciate that!
*Mit euch auf Bühnen zu stehen, euch wachsen zu sehen* – we appreciate that!
*Auftragstext,* Best-of-Slam, *auch Featuren ist nett* – we appreciate that!
*Hier wird kein Neid gesät, hier wird nicht Geheimnis gekrämt.*
Sie sagen, Slam hat sich verändert, wollen wissen, wie's geht.
Es gibt so viele Wege zu gehen ... *Sag, siehst du das ned?*
**Wir lassen uns fallen, denn ihr seid unser Netz!**
Danke, dass ihr heute hier seid, *uns zuhört, euch mit uns freut!*
**Fakt ist, ihr braucht uns und wir brauchen euch!**
Wie Atmen, *wie Brot,* wie Mikro als Lichtblick.
*Können Slam nicht lassen.* **Aufhören ist nicht!**
*Dann die Kekse vom Backstage mitnehmen, weil im Kühlschrank daheim nix is.*
Wir sind immer noch young-*ish* scrappy-*ish* and hungry-*ish.*
*Im Leben paar U-turns,* sind immer noch da, weil uns nichts so schnell umwirft-*ish.*

**We do this for the Culture.**
**Was Google? Wir haben Word Alert,**
*Sprache feiern, Slams haben uns immer Freude beschert.*
Allen Earnstyzz sind wir noch nicht total zerstört.
**Wir sind Girls ohne Boys in the Back.**
**Aber haben den größten Respekt und merhaba, oida, wir haben euch lieb.**
*Auf Brechen und Biegen beim Goldenen Schmied.*
Das hier ist kein Intro, wenn, dann Interro**Bang,**
ist SMAAT, *schöner, schneller,* Scheller, **wir sagen, wir sind Fan.**
**We do this for the Culture.**
Können in Zügen, auf Kirmes Hanoi oder im großraumdichten.
*Sehen Sterne – ob bei Phosphen oder LSD.*
Lingitzen herum & *Pucherten nie stumm.*
Wir sind aus Fett und aus Zucker, *bewegen uns mit Le Poonie.*
Sind FULS of Love, Joy, *belegen Holztischseminare in So-Ma-Li.*
**We do this for the Culture, weil wir wissen, wie es geht,**
**Wir sind das Team MYLF, Grüße gehen raus – MFG.**
Also, die Abkürzung, nicht die Partei.
*Tschif, schau owa!*

Ich sag euch, was bleibt:
**Wenn du feuchte Hände kriegst, weil dein Name gleich genannt wird.**
**Du beginnst, zu schwitzen, weil's Herz lauter als Verstand ist.**
**Dann ist Stagetime, Licht an ...**

**Egal, auf welche Bühne man geht, ob vor 10 oder 1 000,**
**Ob lesen oder staunen,**
**Es ist dem Leben kurz vertrauen.**
Vielleicht hast du 1 000 Sneakers durchtanzt, dir den Traum vom Schreiben erfüllt und jede Menge Bühnen für dich und andere gebaut und inspiriert, OMG!
*Vielleicht hast du 1 000 mal 1 000 Liebe gesagt, Hallen ausverkauft.*
*Festivals bespielt und kuratiert, dich selber rich gemacht.*
**Wir haben uns was getraut und ein paar Mal Glück gehabt,**
**Waren damit nie allein und schenken uns Perspektive.**
**Wir sind Poetry, wir sind Slam, wir sind fucking viele.**

**Wir sind nicht hier, weil wir nichts Anderes können.**
**Wir sind hier, weil wir nicht anders können!**

# Wörter wandern

Muss mal kurz Yasmin fragen, ob sie auch oft in Interviews gefragt wird, welchen Unterschied es macht, wenn sie Raps, Slam-Texte oder was Anderes schreibt.

»Ja, ja«, sagt Yasmin am Nebentisch und rollt bisschen mit den Augen.

Ich (Mieze Medusa hier) verstehe die Frage nie so ganz, weil: Ja, natürlich macht es einen Unterschied! Ein Beispiel: In Rap-Texten reimen wir überdurchschnittlich oft, eh klar, es ist ja Rap! In Prosa-Texten eher gar nicht.

Andererseits verstehe ich eh, was mit der Frage gemeint ist: Das sind ja nur Stilmittel. Die Quelle, aus der sich die Verwendung dieser Stilmittel speist, ist bei allen Texten, die ich schreibe, gleich. Wie ist das bei dir, Yasmin? Die tippt grad.

Aber manchmal wandern Zeilen, Wörter oder Satzteile. Manchmal tauchen Sätze, die aus einem Prosa-Text gestrichen werden, in einem Spoken-Word-Text wieder auf oder werden zu einer Punchline in einem Rap-Text. Ein Gedicht, gespeist aus einer Alltagsbeobachtung und freudig notiert, wird zu einer Szene in einem Roman.

Manchmal wandern in einem Team-Text Zeilen von mir zu Yasmo oder umgekehrt. Manchmal zitieren wir uns gegenseitig. Frage für eine zukünftige Seminararbeit: Welche Zeilen aus Yasmin Hafedhs Slam-Text »Die Heldinnen der zweiten Reihe« sind von Mieze Medusa und wo finde ich die Originalzitate?

Ganz, ganz selten … Vielleicht nur unwesentlich weniger selten als ein Einhorn, aber wer traut sich, zu sagen, das gäbe es nicht? Ganz selten wandern Zeilen aus einem Team-Text in eigenständige künstlerische Arbeit.

Zwei Beispiele, gekoppelt mit einer sehr raffinierten Form des Product Placements.

Erstes Beispiel:

»*Wer sagt noch Cheese? Und macht ein Foto von den anderen!*«, so ich (Mieze Medusa) im MYLF-Text »Flawless«. Kennt ihr den Song »Cheese« vom aktuellen Yasmo & die Klangkantine-Album »laut & lost«? Hört euch den Refrain an!

Zweites Beispiel:

»Warum werden Airbags mit Crashtestdummies nur in Standardmännergröße getestet und gebaut? Wieso werden Medikamente vor allem an Männern getestet?«, sagt Yasmin im MYLF-Text »Ch-ch-ch-ch-Changes!«. In meinem aktuellen Roman »Was über Frauen geredet wird« gibt's ein Kapitel, das heißt »8. März, Bitches!« Da kommen die beiden Sätze fast wortgleich vor.

Ich sag euch jetzt eine Wahrheit über Copyright und Ideen: In beiden Fällen haben wir uns über die Projekte ausgetauscht, von unseren Ideen erzählt und die schönen und schwierigen Phasen des Schreibprozesses besprochen. Wir haben uns gegenseitig gefragt, ob wir damit einverstanden sind, nein, sogar mehr als das: Ob es uns Freude macht, wenn wir die Zeilen wandern lassen. Die Antwort war ein jeweils nachdrückliches und nachhallendes: JA!

Ich sage euch die vielleicht wichtigste Wahrheit über das Schreiben und über alle kreativen Prozesse und wahrscheinlich auch über das Leben: **Wir müssen es nicht alleine schaffen.** Sogkraft ist besser als Druck. Netzwerk ist besser als der Mythos vom einsamen Genie, der sowieso ein Märchen ist.

Lust auf mehr? Let's flow!

**Yasmo & die Klangkantine: »laut und lost«**
(ink music, 2022)

https://inkmusic.at/home/shop/Yasmo-die-Klangkantine-Laut-und-Lost-LP-p476278749

**Mieze Medusa: »Was über Frauen geredet wird«**
(Residenz Verlag, 2022)

https://www.residenzverlag.com/buch/was-uber-frauen-geredet-wird

# Mieze & Yasmo zum Anschauen

Wenn ihr diesen Code scannt, gelangt ihr zu einer Slideshow mit lauter Fotos von Mieze & Yasmo – mehr Nähe in Buchform geht nicht!

https://flic.kr/s/aHBqjAAZVr

# Bei Lektora erschienen

Francesca Herr & Henrik Szanto (Hg.)

## »20.000 Zeilen unter dem Meer«

Wir tauchen ein in die österreichische Poetry-Slam-Landschaft und erkunden, was sich dort verbirgt. Texte mit Tiefgang, in den Stromschnellen des Applauses, mit Auftrieb und Wellenschlag. Wir wandeln auf dem Grund, suchen den Blick hinter die Kulisse, beleuchten das Schaffen der neuen und bekannten Stimmen und blättern im Gesamtwerk einer stetig wachsenden Szene. 43 Slam-Texte, 21 Textbeiträge und neun Kapitel rund um Poetry Slam in Österreich. Wir feiern Schönes und treten in die kritische Auseinandersetzung. Lampe an, Glocke auf, hier ist die Tinte wasserfest und es gilt, zu entdecken. Für mehr Zugang im Binnenland.

ISBN: 978-3-95461-131-7
17,00 Euro (D)
17,50 Euro (A)

www.lektora.de

# Bei Lektora erschienen

Henrik Szanto

## Entscheidungen und die Äxte, mit denen wir sie fällen

In seiner Textsammlung »Entscheidungen und die Äxte, mit denen wir sie fällen«, gespickt mit Illustrationen von Anna Kohlweis und kleinen Einblicken in die Eigenarten der finnischen und ungarischen Sprache, zeigt uns der Autor, wie das so ist, mehrsprachig aufzuwachsen und oftmals nicht verstanden zu werden.

»Henrik Szanto kann Sprache, Geschichten erzählen und obendrein ist er auch noch klug. Als wäre die Kombi nicht genug, wird man hier nicht nur mit wunderbaren Texten abgeholt, nein, man lernt auch noch dazu. Bravo, Szanto!«

(Yasmin Hafedh)

»Dramatically captivating«

(New York Times)

ISBN 978-3-95461-186-7
13,90 Euro

www.lektora.de